REDESCUBRA

LA **PRÁCTICA** DE

LA **IGLESIA PRIMITIVA**

Ayuda para pastores bivocacionales, de iglesias en casa y de pequeñas iglesias, extraída del modelo del Nuevo Testamento.

2ª edición

NTRF.org

Stephen E. Atkerson

Si habla Español y tiene preguntas en cuanto a la iglesia como originalmente fue establecida por los Apóstoles, escriba un correo electrónico a Antonio Salgado: salgado@bcmissionarysociety.org

Un agradecimiento especial a Lixin Kang Atkerson por el diseño y el arte.

Stephen E Atkerson
Redescubra la Práctica de la Iglesia Primitiva
© 2024 por NTRF.org
ISBN 978-0-9729082-8-3

Traducido por David A. Roncancio H. (www.droncancio-translations.com)
Publicado por NTRF.org
Atlanta, Georgia, USA

Índice

Introducción

Jesús le encargó a los doce que hicieran discípulos de todas las naciones. Su encargo era complicado por el hecho de que el cristianismo era una religión ilegal. Cada carta a las iglesias del Nuevo Testamento fue escrita a una congregación que tenía que reunirse en secreto en la casa privada de alguien. La eclesiología presentada en las epístolas fue por lo tanto diseñada para hacer discípulos en entornos más pequeños. Usando estas prácticas apostólicas de la iglesia, el Reino de Dios se extendió como levadura a través de las naciones del Imperio Romano. Estas pequeñas iglesias enseñaron efectivamente al pueblo de Dios a obedecer todo lo que Jesús mandó.

Las iglesias pequeñas todavía pueden tener un gran impacto usando las mismas prácticas ya probadas y verdaderas de la iglesia primitiva. Las iglesias que han adoptado el enfoque del Nuevo Testamento son más orgánicas que organizadas, más familiares que corporativas, más pequeñas en lugar de grandes, más relacionales que programadas, más informales que formales, enfocadas más en los unos a otros que en cualquier líder, y prefieren la autenticidad sobre la experiencia. La eclesiología del primer siglo también fue diseñada para involucrar a todos los santos, haciendo de cada miembro un ministro. Esta dispersión de la carga ministerial también eliminó la presión indebida del liderazgo bivocacional. He aquí algunos ejemplos de sus prácticas en la iglesia:

- Una reunión de la iglesia del siglo I no era como asistir pasivamente al teatro. Cualquier miembro podía contribuir verbalmente a las deliberaciones. La directiva principal era que todo lo dicho tenía que edificar la iglesia. Los líderes eran más algo así como entrenadores a un lado, que jugadores estrella.

• Sus tiempos de enseñanza eran más debates dinámicos que monólogos. La madurez espiritual y las habilidades de pensamiento crítico se dispararon subsecuentemente.

• La Cena del Señor se celebraba cada semana, *como una comida real* (de ahí el nombre: cena). Era un tiempo de comida, compañerismo, ministerio de unos a otros y construcción de unidad.

• La principal autoridad de los líderes residía en su capacidad de persuadir con la verdad. Los líderes se tomaron el tiempo para servir a la iglesia construyendo un consenso congregacional sobre las decisiones principales. Este proceso fortaleció a la iglesia a través del proceso democrático.

Adoptar la eclesiología del Nuevo Testamento puede realmente poner a su pequeña iglesia en posición de hacer una diferencia significativa en las vidas de aquellos que el Señor le ha confiado. Estas prácticas tempranas han sido una gran bendición para nosotros durante más de treinta años. ¡Podrían serlo también para tu iglesia!

Stephen E. Atkerson
Atlanta, Georgia
2024

Estrategia #1

Estrategia del Servicio de Adoración para Despertar el Amor

¿Se han convertido los servicios de adoración en su iglesia en algo parecido a un evento deportivo con espectadores? En los servicios de adoración primitivos había libertad de expresión y una considerable espontaneidad. En lugar de muchos aportes de una o dos personas, había unos pocos aportes de muchas personas. El objetivo de todo lo compartido era despertar el amor y las buenas obras. *¿Por qué lo hicieron así? ¿Qué nos estamos perdiendo al no hacerlo así?*

Jesús equipó a la iglesia primitiva con una estrategia de adoración diseñada para promover el amor y las buenas obras, edificar, alentar, fortalecer e instruir. Su plan requería que los creyentes comunes y corrientes pudieran contribuir de manera regular y significativa a la adoración corporativa. Había un formato abierto para compartir, con una espontaneidad ordenada. En contraste, los servicios de adoración de hoy en día se han convertido más bien en algo así como un evento deportivo con espectadores.

¿Sabías que Jesús realmente *ordenó* que los laicos fueran liberados a través de un formato de púlpito abierto? En las iglesias del Nuevo Testamento, aquellos que fueran impulsados por el Espíritu eran libres de ofrecer testimonios, compartir experiencias espirituales, dar exhortaciones, dirigir en oración, testificar, cantar y alabar. Generalmente, cada persona que hablaba lo hacía de acuerdo con su don espiritual. La directriz principal era que todo estuviera diseñado para edificar (fortalecer, edificar, alentar) a la congregación.

Beneficios

Hay muchas ventajas de un formato abierto. Más gente se involucra activamente en la construcción de la iglesia. La oportunidad de hacer contribuciones verdaderamente significativas a la reunión aumenta el interés de la congregación. Las ideas que se comparten tienden a ser prácticas, desde el corazón y extraídas de aplicaciones de la Palabra de Dios en el mundo real. Previene el desarrollo de la apatía por la frustración a causa de la pasividad. Hay una expresión más completa de los dones espirituales que implican el hablar. Este enfoque de «micrófono abierto» también ayuda a evitar la atrofia de los dones espirituales por falta de uso. Todo esto no sólo quita una tremenda carga a los líderes, sino que les permite disfrutar siendo ministrados.

Eruditos

En el *Mid-America Baptist Theological Journal*, el docente Jimmy Milikin declaró que, en las primeras congregaciones cristianas, «había aparentemente una libre expresión del Espíritu. En la asamblea pública uno puede tener un salmo, otro hermano una enseñanza, otro una revelación, otro una lengua, otro una interpretación.»[1]

En *The Nature of the Early Church*, el historiador de la iglesia Ernest Scott escribió: «El ejercicio de los dones espirituales era así el elemento característico de la adoración primitiva. Esos dones podían variar en su naturaleza y grado según la capacidad de cada individuo, pero se otorgaban a todos y se dejaba espacio en el servicio para la participación de todos los presentes... Se esperaba que cada miembro contribuyera con algo propio al culto común.»[2]

En *Introducing the New Testament*, el teólogo John Drane escribió: «En los primeros días... su adoración era espontánea. Esto parece haber sido considerado como el ideal, porque cuando Pablo describe cómo debe proceder una reunión de la iglesia, él describe una participación de muchos guiada por el Espíritu... Existe el hecho de que toda persona tenía la libertad de participar en ese culto. En una situación ideal, cuando todos estaban inspirados por el Espíritu Santo, era esta la expresión perfecta de la libertad cristiana.»[3]

Con respecto al culto público en la iglesia del Nuevo Testamento, el profesor G.W. Kirby del London Bible College concluyó: «Parece haber habido mucha fluidez con el tiempo dado para la participación espontánea.»[4]

El comentarista escocés William Barclay declaró: «Lo realmente notable de un servicio de la Iglesia primitiva debe haber sido que casi todo el mundo llegaba sintiendo que tenía tanto el privilegio como la obligación de contribuir con algo al mismo.»[5]

---

[1] Jimmy Milikin, "Disorder Concerning Public Worship," *Mid-America Baptist Theological Journal* (Memphis, TN: Mid-America Baptist Seminary Press, 1983), 125.

[2] Ernest Scott, *The Nature of the Early Church* (New York: Charles Scribner's Sons, 1941), 79.

[3] John Drane, *Introducing the New Testament* (Oxford, UK: Lion Publishing, 1999), 402.

[4] G. W. Kirby, *Zondervan Pictorial Encyclopedia of the Bible*, Vol. 1, ed. Merrell Tenney (Grand Rapids: Zondervan, 1982), 850.

[5] William Barclay, "Letters to the Corinthians," *Daily Study Bible* (Philadelphia: Westminster Press, 1977), 135.

Prueba

Formato de una Sinagoga Abierta: Pablo era libre de predicar el Evangelio en las sinagogas de todo el mundo romano (Hechos 13:14-15, 14:1, 17:1-2, 17:10, 18:4, 19:8). Si las antiguas reuniones de la sinagoga hubieran sido de alguna manera como los servicios modernos de adoración cristiana, Pablo habría necesitado desarrollar estrategias alternativas para difundir el evangelio a los judíos. Las sinagogas del siglo I estaban abiertas a la participación de los asistentes. Las primeras iglesias incluían a los cristianos judíos. Por lo tanto, no es de extrañar que las primeras reuniones de la iglesia estaban abiertas a la participación del público.[6]

Animarse unos a otros: El autor de la carta a los Hebreos exhortaba a sus lectores (cristianos comunes) a «considerar cómo estimularse unos a otros al amor y a las buenas obras, no dejando de reunirse... sino animándose unos a otros» (Heb. 10:24-25). Antes de venir a la iglesia, cada creyente era responsable de pensar en cómo podría inspirar a otros. Está claro entonces que las primeras reuniones de la iglesia fueron diseñadas para proporcionar una amplia oportunidad para el estímulo mutuo. El enfoque no estaba exclusivamente en los pastores, sino en «los unos a los otros.» El culto participativo es guardar el principio de los cincuenta y nueve pasajes de «unos a los otros» de la Escritura (por ejemplo, Jn. 13:34; Ro. 12:10; 1 Ped. 4:8; 1 Jn. 3:11, etc.). Había un principio de participación. Se trataba de que cada miembro hiciera su parte según era guiado por el Espíritu Santo.[7] Todos los miembros del cuerpo de Cristo tenían la responsabilidad de alentar a los demás a través del testimonio, el canto, la alabanza, la oración, la exhortación, la enseñanza y el compartir las lecciones espirituales personales aprendidas.

---

[6] Nosotros no abogamos por la incorporación de las prácticas de la sinagoga judía en la iglesia. El punto aquí, es simplemente que la adoración participativa no habría sido una idea desconocida para los primeros cristianos.

[7] El estímulo del Espíritu Santo es un elemento esencial en el culto participativo; de lo contrario, sería meramente una versión religiosa de un show de talentos para principiantes. A cada creyente se le ha dado un don espiritual para ser usado para edificar la iglesia, y el creyente debe ministrar de acuerdo con este don. Es el deber del liderazgo equipar a la iglesia para entender y practicar esto.

Pablo habló con ellos: Hechos 20:7 registra que Pablo habló toda la noche cuando visitó la iglesia en Troas. El verbo griego que describe sus acciones se deriva de *dialegomai* (la palabra española «diálogo» es su transliteración). Significa discutir en lugar de predicar.[8] En Hechos 18:4 y 19:8, la misma palabra se traduce como «razonar» y «razonamiento.» La Versión Palabra de Dios para Todos declara que Pablo «habló con» ellos. Pablo sin duda hizo la mayor parte del discurso esa noche; sin embargo, no fue un sermón ininterrumpido como si se transmitiera en la radio. Así, el tiempo que la iglesia primitiva dedicaba a la enseñanza, incluso cuando estaba dirigida por un apóstol, estaba hasta cierto punto orientado a la discusión. Ese es otro indicador de que las reuniones de la iglesia primitiva se caracterizaban por un principio de participación.[9]

Cada uno tiene: Las pautas para el uso de los dones espirituales cuando «toda la iglesia se reúne» se presentan en 1 Corintios 14:23. La *Biblia de Estudio ESV* declara que: «Estos versículos dan una visión fascinante del tipo de actividades que tuvieron lugar cuando la iglesia primitiva se reunía como el cuerpo de Cristo para adorar al Señor.»[10] Esta mirada revela un principio de participación: «¿Qué significa esto, hermanos? Que cuando se reúnen, cada uno de ustedes tiene un salmo, o una enseñanza, o una revelación o una lengua, o una interpretación.»[11] (14:26).

¿A quién fue escrito 1 Corintios 14:26? La carta estaba dirigida a «cada uno» de los «hermanos» – no sólo a los pastores. Estas primeras reuniones no estaban tan centradas en el pastor como los servicios de adoración de hoy en día. Si las palabras «cada uno» (14:26) fueran reemplazadas por «sólo uno», ¿qué caracterizaría mejor sus servicios en la iglesia? 1 Corintios 11-14 es un largo pasaje acerca de las reuniones de la iglesia. Sorprendentemente, *los pastores ni siquiera son mencionados en todo el texto*. Esto no significa que los pastores no sean importantes. Por

---

[8] Bauer, *Lexicon*, 185.
[9] Permitir las preguntas y el dialogo es bueno.
[10] Dennis & Grudem, eds., *ESV Study Bible* (Wheaton: Crossway Bibles, 2008), 2212.
[11] Reina Valera Actualizada (RVA-2015), Copyright © 2015 by Editorial Mundo Hispano.

el contrario, son fundamentales para el buen funcionamiento de una iglesia. Thayer definió al *episcopos* como «uno encargado de velar de que las cosas por hacer se hagan correctamente.»[12] Son personal esencial. Sin embargo, parece que en los servicios de adoración los pastores deben ser más como entrenadores a un lado que... los jugadores estrella.

Los creyentes del Nuevo Testamento no solo *asistían* a los servicios. «Cada uno» era libre de usar sus dones espirituales para edificar a la iglesia reunida. Eran participantes activos y vitales que podían contribuir significativamente a lo que ocurría en la reunión.[13] Su lema para las reuniones de la iglesia podría haber sido «cada miembro: un ministro.»

Edificación: El propósito principal de todo lo que se dice o se hace en tal reunión es la edificación: «Todo se haga para la edificación»[11] (1 Co. 14:26). El griego para «edificar» (*oikodomé*) se relaciona con el acto de fortalecer o animar. Un diccionario ha descrito *oikodomé* como la acción de alguien que promueve el crecimiento de otro en la sabiduría cristiana, la piedad y la santidad.[14] Cualquier comentario hecho en la adoración participativa tenía que ser inspirado por el Espíritu y diseñado amorosamente para alentar, construir, fortalecer o edificar. De lo contrario, era inapropiado y debía permanecer en silencio. Cada testimonio tenía que ser bien pensado para que pudiera edificar la iglesia. Para ser edificante, toda enseñanza tenía que ser tanto verdadera como practicable. La música tenía que honrar al Señor. Tenía que ser teológicamente sólida. Las profecías eran para «la edificación, el ánimo y el consuelo» (1 Co. 14:3).[15] A los corintios se les dijo: «puesto que anhelan los dones espirituales, procuren abundar en ellos para la edificación de la iglesia» (1 Co. 14:12). Esto pone de relieve el principio de la participación en las reuniones de la iglesia primitiva: cada persona ministraba de acuerdo a sus dones espirituales. Como dice Romanos 12:6: «...teniendo dones...

---

[12] Joseph Thayer, *Greek–English Lexicon of the New Testament* (Grand Rapids: Baker Book House, 1977), 243.

[13] No se debe esperar que cada persona diga algo en cada reunión.

[14] Thayer, *Lexicon*, 40.

[15] Incluso una reprensión convincente puede edificar.

nos ha sido dada, *usémoslos…*»[16] (énfasis añadido).

Música: La regulación de los dones espirituales en la adoración se trata en 1 Corintios 14. Así, cuando Pablo escribió que «cada uno» tenía un «himno» (*psalmos*, 14:26), quiso decir que cada uno de los que tenían talento musical. Todos los músicos guiados por el Espíritu que tenían buen testimonio en la iglesia tenían la libertad de edificar a la congregación a través de este don.

Además, parece que había al menos cierto grado de espontaneidad en la música. El canto de la iglesia primitiva también tenía un aspecto de «unos a otros.» Incluso a los creyentes que no tenían talento musical se les amonestaba: «sean llenos del Espíritu, hablando entre ustedes con salmos, himnos y canciones espirituales; cantando y alabando al Señor en su corazón»[17] (Ef. 5:18-19). Del mismo modo, los creyentes colosenses fueron exhortados: «amonestándose los unos a otros … con salmos, himnos y canciones espirituales, cantando con gracia a Dios en su corazón»[17] (Col 3:16). Aquellos con dones musicales deben facilitar el canto de toda la iglesia durante la adoración. Se ha advertido: «la música no debe convertir a la iglesia en un auditorio disfrutando de la música, sino en una congregación cantando alabanzas al Señor en Su presencia.»[18] Nuestra música debe reflejar la invitación del salmista: «Lleguemos ante él con acción de gracias, aclamémoslo con cánticos»[19] (Sal 95:2).

Enseñanza: La exposición bíblica practicable y profunda era una parte integral de cada reunión semanal de la iglesia. Los pastores hacen correctamente la mayoría de la enseñanza en el Día del Señor. Sin embargo, el Nuevo Testamento dice que «cada uno» de los hermanos que tenían el don de enseñar tenía también la libertad de dar la «lección» semanal (1 Co. 14:26). Así, Santiago advirtió: «Hermanos míos, no pretendan muchos de ustedes ser maestros, pues, como saben, seremos

---

[16] La Biblia de las Américas (LBLA), Copyright © 1986, 1995, 1997 by The Lockman Foundation

[17] Reina Valera Actualizada (RVA-2015), Copyright © 2015 by Editorial Mundo Hispano

[18] D. A. Carson, ed., *Worship by the Book* (Grand Rapids: Zondervan, 2010), 212.

[19] Santa Biblia, NUEVA VERSIÓN INTERNACIONAL® NVI® © 1999, 2015 por Biblica, Inc.®, Inc.®.

juzgados con más severidad» (Sant. 3:1)[19]. Esta precaución tiene sentido a la luz de las reuniones participativas que caracterizaron a la iglesia primitiva. De acuerdo con el principio de participación, había una clara oportunidad para que los hermanos maduros y sobrenaturalmente dotados enseñaran (bajo supervisión pastoral).

Dos o Tres Lenguas: La naturaleza participativa de las reuniones de la iglesia primitiva también es evidente en las pautas para aquellos que hablaban en lenguas: «Si se habla en lenguas, que hablen dos -o cuando mucho tres-, cada uno por turno; y que alguien interprete. Si no hay intérprete, que guarden silencio en la iglesia y cada uno hable para sí mismo y para Dios» (1 Co. 14:27-28)[20]. Se requería una interpretación «para que la iglesia reciba edificación» (1 Co. 14:5)[20]. Múltiples personas participaban, una a la vez, y había claramente un cierto grado de espontaneidad. Muchos han juzgado el don de lenguas como un fenómeno limitado al primer siglo.[21] Incluso si las lenguas hubieran cesado, el principio de la participación espontánea permanece. La gente todavía podía contribuir con enseñanzas, cantos, testimonios, oraciones, exhortaciones, aliento y lecturas públicas de las Escrituras.

Dos o tres profetas: El carácter participativo de las reuniones del Nuevo Testamento también se ve en las pautas para la profecía: «En cuanto a los profetas, que hablen dos o tres, y que los demás examinen con cuidado lo dicho» (1 Co. 14:29)[20]. La naturaleza improvisada de la profecía es clara: «Si alguien que está sentado recibe una revelación, el que esté hablando ceda la palabra» (1 Co. 14:30)[20]. El objetivo de la profecía era «para que todos reciban instrucción y aliento» (1 Co. 14, 31)[20].

«Profeta» es una transliteración de *prophétés*. *Pro* puede significar antes o adelante y *phétés* significa hablar. Generalmente, los profetas recibían revelación divina, que compartían. Ellos proclamaban e interpretaban la

---

[20] Santa Biblia, NUEVA VERSIÓN INTERNACIONAL® NVI® © 1999, 2015 por Biblica, Inc.®, Inc.®.

[21] Si todas las iglesias carismáticas siguieran las directrices de 1 Corintios 14 (se podía interpretar un máximo de tres personas, una a la vez), mucho de lo que pasa hoy en día por lenguas legítimas se consideraría fuera de lugar.

verdad divina.[22] Esta revelación podría haber tenido que ver con el pecado en la vida de alguien (1 Cor. 14:24-25), podría haber sido una palabra de aliento (Hechos 15:32), o podría haber sido una predicción del futuro (Hechos 11:27-30).[23] Es la convicción estudiada de muchos que el don de profecía, así como el de lenguas, cesó en la edad apostólica. Aun así, se mantiene el principio de participación.

Hay que notar que la profecía y la enseñanza no eran el mismo don (Ro. 12:6-7, 1 Co. 12:28), a pesar de que ambas producían aprendizaje y estímulo. Los profetas recibían sus mensajes a través de la revelación directa del Espíritu Santo, mientras que los maestros modernos dedican horas al estudio de la revelación escrita (las Escrituras). Como la fuente del mensaje de un profeta era un tanto subjetiva, había que juzgar sus revelaciones: «Que los demás examinen con cuidado lo dicho» (1 Co. 14:29[20]; véase también 1 Tes. 5:20-21). El punto principal a tener en cuenta es el principio de una participación con bastante espontaneidad. Es deber de los pastores asegurarse de que todo se haga «de manera apropiada y con orden» (1 Co. 14:40).

Las mujeres a guardar silencio: La Escritura dice que «las mujeres deben guardar silencio en la iglesia» (1 Co. 14:34)[20]. No habría necesidad de transmitir esto a la mayoría de las iglesias de hoy porque generalmente *nadie*, ni hombre ni mujer, excepto el pastor, habla. Sea lo que sea que esto significara, no se habría escrito a menos que las reuniones de la iglesia del primer siglo fueran participativas. Así pues, incluso esta prohibición refleja el principio de participación.

Perspectiva

Es útil tener una buena perspectiva de por qué la adoración participativa es importante y cómo se perdió. Después de que Teodosio hiciera del cristianismo la religión oficial del Imperio Romano (380 d.C.), los

---

[22] Bauer, *Lexicon*, 723.

[23] Para aprender más sobre la profecía, véase *The Gift of Prophecy in the New Testament and Today* por Wayne Grudem.

grandes templos paganos fueron reutilizados como edificios de iglesias. Las reuniones de la iglesia pasaron de la relativa intimidad de las villas romanas a las vastas e impersonales basílicas. Estos grandes servicios eclesiásticos se transformaron naturalmente en actuaciones de profesionales. La enseñanza socrática dio paso a monólogos elocuentes. Se perdió la espontaneidad, y con ella, el principio de participación. El aspecto «unos a otros» de la asamblea llegó a ser poco práctico. «Cada uno tiene» se convirtió en «sólo uno tiene.» La informalidad se transformó en formalidad. Los líderes de la iglesia comenzaron a usar vestimenta clerical especial. Se introdujeron ayudas para la adoración como el incienso, los íconos, las velas y los gestos con las manos. En *A Lion Handbook – The History of Christianity*, el ministro de la Iglesia de Escocia Henry Sefton, escribió: «La adoración en la iglesia en casa había sido de un tipo íntimo en el que todos los presentes tomaban parte activa... (esto) cambió de ser 'una acción corporativa de toda la iglesia' a 'un servicio del clero el cual los laicos escuchaban'.»[24]

Muchos consideran que los servicios tradicionales de adoración son participativos simplemente porque la congregación se une a lecturas receptivas, participa de la Cena del Señor, disfruta cantando con la congregación y da ofrendas financieras. Estos son aspectos positivos de la adoración; sin embargo, no constituyen un formato abierto. Gordon Fee observó: «En general, la historia de la iglesia señala el hecho de que en cuanto a la adoración no confiamos mucho en la diversidad del cuerpo. La edificación debe ser siempre la regla y esto lleva consigo el orden para que todos aprendan y todos sean motivados. Pero no es gran mérito para la Iglesia histórica que al optar por el 'orden' haya optado también por silenciar el ministerio de muchos.»[25]

Muchos de nosotros hemos oído hablar de los teleadictos, sentados todo el día en el sofá. ¿Hemos entrenado al pueblo de Dios para que se

---

[24] Henry Sefton, *A Lion Handbook —The History of Christianity* (Oxford, UK: Lion Publishing, 1988), 151.

[25] Gordon Fee, "Corinthians," 698.

la pasen sentados recibiendo? Muchos sienten que bien podrían quedarse en casa y ver el servicio por televisión. No permitir el ministerio de muchos puede causar apatía, como lo ilustra el chiste sobre un maestro de escuela dominical que una vez preguntó a los niños, «¿Por qué debemos estar callados en la iglesia?» Una niña perspicaz contestó, «Porque la gente está durmiendo allí.»

La participación verbal de los miembros lleva a una mayor obra del Espíritu, porque permite que florezcan los muchos dones del ministerio. De acuerdo con los escritos de Pablo en 1 Corintios 14, Dios podía poner una carga a un número de creyentes, independientemente unos de otros, para que trajeran un breve testimonio o una palabra de aliento, para dirigir en oración o para traer un cántico. El cuerpo en general puede ofrecer aplicaciones e ilustraciones adicionales para ampliar una palabra de instrucción. Los hermanos pueden hacer preguntas o hacer comentarios durante o después del tiempo de enseñanza. Los nuevos creyentes aprenden a pensar con la mente de Cristo mientras observan a los creyentes más maduros participar en la reunión. La madurez aumentará en gran medida. Los hermanos comenzarán a adueñarse de la reunión. Asumirán la responsabilidad del desarrollo de la reunión a medida que se convierten en participantes activos en lugar de espectadores pasivos. Así se logra la edificación.

Mandato

Después de proveer pautas para el uso de las lenguas y la profecía en la adoración participativa, Pablo escribió: «...esto que les escribo es mandato del Señor» (1 Co. 14:37).[26] Una orden no es una sugerencia. Es más que una buena idea. Las instrucciones de 1 de Corintios no son meramente una historia interesante. Estas regulaciones participativas no son sólo descripciones de las reuniones primitivas de la iglesia. En cierto sentido, son prescriptivas. Pablo incluso dio consejos para tratar

---

[26] Santa Biblia, NUEVA VERSIÓN INTERNACIONAL® NVI® © 1999, 2015 por Biblica, Inc.®, Inc.® Usado con permiso de Biblica, Inc.® Reservados todos los derechos en todo el mundo.

con aquellos que discutían en contra de obedecer estas directrices: «Si no lo reconoce, tampoco él será reconocido» (1 Co. 14:38).[26] ¿Cómo guiará usted a su iglesia a obedecer el mandato del Señor con respecto a la adoración participativa?

Nuestra propuesta es que usted considere introducir la adoración participativa en su iglesia. Tal vez usted teme que no valga la pena los problemas que anticipadamente podría crear. Señalamos que donde no hay bueyes el pesebre está limpio, pero mucho crecimiento proviene de su fortaleza (Prv. 14:4). La bendición potencial vale la pena el riesgo. Recuerde las últimas siete palabras de las iglesias en declive: «Nunca lo hicimos así antes.»

Algunos en Corinto querían conducir sus reuniones de manera diferente a los requisitos establecidos en 1 Corintios 14. Les hicieron dos preguntas: «¿Acaso la palabra de Dios procedió de ustedes? ¿O son ustedes los únicos que la han recibido?» (1 Cor. 14:36). Es evidente que la palabra de Dios no se originó en los corintios, y ciertamente no eran los únicos a quienes había llegado. (Así, todo lo que se aplica a la iglesia corintia también se aplica a nosotros.) Estas preguntas fueron diseñadas para convencer a los creyentes corintios de que no tenían autoridad para conducir sus reuniones de ninguna manera diferente a la prescrita por los apóstoles. Debe respetarse el principio de participación.

¿Debería el tiempo cuando el cuerpo se reúne estar enfocado mayormente en los pastores o es una oportunidad para que Dios hable a través de múltiples santos a los reunidos? Cambiar el enfoque hacia los mensajes de varias personas fortalece a la iglesia como un todo. Así la iglesia no depende tanto de los dones de un solo hombre. A menudo, cuando un pastor talentoso deja una iglesia, la asistencia se desploma. Se reduce la probabilidad de que se desarrolle un culto hacia una persona. Uno de los argumentos de Martín Lutero para la reforma se refería al sacerdocio de todos los creyentes. ¿Realmente creemos en el sacerdocio de los creyentes? Si es así, tal vez podríamos demostrarlo permitiendo a los sacerdotes ministrar durante nuestros servicios.

Práctica

Papel del Liderazgo: Los líderes de la iglesia que son nuevos en cuanto a la idea de la adoración participativa son sabiamente cautelosos. Por buenas razones ellos anticipan escenarios poco edificantes. Uno de los roles de un anciano es mantener las reuniones de la iglesia en curso para ser fieles a la directriz principal de que todas las cosas sean para la edificación. El lexicógrafo Joseph Thayer definió a un *episcopos* como «un hombre encargado de velar por que las cosas que deben hacer los demás se hagan correctamente.»[27] Describió al *presbutéros* (presbítero) como aquel que «preside las asambleas.»[28] Si una reunión no es edificante, los ancianos son responsables de hacer los ajustes necesarios.

Efesios 4:11-12 revela que es el deber de los pastores-maestros equipar a los santos para el ministerio. Esto incluye una formación que los prepare para hacer contribuciones significativas en una reunión participativa. Si las Escrituras realmente revelan el deseo de Dios de que se celebren reuniones participativas, entonces podemos esperar que Dios trabaje a través de los ancianos para que las reuniones tengan éxito. Hay orden en un cementerio; sin embargo, no hay vida. Es mucho mejor arriesgarse a un poco de desorden para tener vida. Hay que confiar en el Espíritu Santo para trabajar en la vida de una iglesia.

Las reuniones participativas edificantes de la iglesia no suceden simplemente. La adoración participativa al estilo del Nuevo Testamento debe ser guiada por el Espíritu, y el Espíritu obra a través de los ancianos para hacerlas edificantes. Ellos son entrenadores entre bastidores, animando y entrenando para que cada uno ministre de acuerdo con sus dones espirituales y todo lo que se diga sea para edificación. A continuación, se presentan algunos escenarios típicos. Se proporcionan detalles para ayudar a aquellos que están empezando a experimentar con reuniones participativas a evitar algunos escollos comunes.

Paso a paso: Comience despacio. No trate de tener reuniones

---

[27] Thayer, *Lexicon,* 243.
[28] Thayer, *Lexicon,* 536.

plenamente participativas al principio. Durante la semana, si usted oye a un hermano compartir algo que el Señor le enseñó, invítelo a que lo comparta en la iglesia el domingo siguiente. Trabaje con él para asegurarse de que sea corto (no más de siete minutos) y practicable. Entrénelo para asegurar la brevedad y claridad. Cada semana, algunos hermanos podrían ser invitados a compartir un breve testimonio en la reunión.

Una persona que comparte una experiencia de testimonio puede motivar a los tímidos a evangelizar. Un testimonio sobre una necesidad satisfecha o una oración respondida en la providencia de Dios puede animar a otros que están pasando por tiempos difíciles. Una persona que está involucrada en un ministerio carcelario puede hablar de los buenos resultados con los reclusos e inducir a otros a involucrarse. Las historias de la vida real con un énfasis espiritual son muy edificantes. La congregación se acostumbrará así a una mayor participación y tendrá un modelo para el tipo adecuado de compartir edificante. A medida que la congregación se acostumbra a este enfoque, el tiempo total asignado para compartir puede incrementarse y a aquellos que son movidos por el Espíritu se les puede dar más libertad para levantarse de sus asientos para compartir sin haber sido programados previamente para hablar.

Resistencia Cultural: En Occidente, tener una adoración participativa en lugar de un espectáculo de adoración es contracultural. Muchos encontrarán incómodo el servicio participativo. Una iglesia bautista que experimentó con esto los domingos por la noche sufrió una caída precipitada en la asistencia a ese servicio. (Los miembros dijeron que no querían escuchar opiniones de aficionados; querían escuchar presentaciones pulidas de pastores profesionales.) Enseñar, entrenar y equipar a través del liderazgo son necesarios para que el pueblo de Dios esté preparado para la adoración participativa. El miembro típico de la iglesia no es un orador profesional; por lo tanto, el potencial de presentaciones imperfectas está siempre presente. Sin embargo, «el amor lo soporta todo» (1 Co. 13:7). Si el culto participativo es realmente el deseo de Cristo, entonces es en última instancia irrelevante lo extraño que parezca en nuestra cultura. Al igual que con la perla de gran precio, el beneficio vale la pena el costo. Las personas se abrirán más a las reuniones participativas a medida que se les enseña la obediencia a la Palabra de Dios y entienden que es un concepto bíblico.

Barrera del sonido: Después de años de asistir pasivamente a los servicios, la mayoría de los cristianos están condicionados a sentarse en silencio en la iglesia como si estuvieran viendo televisión. Se necesita paciencia y motivación para superar esto. La participación significativa le parecerá al principio incómoda a la gente. Puede ser necesario el estímulo continuo de los dirigentes hasta que se rompa la «barrera del sonido.» Durante la semana, los ancianos deben trabajar entre bastidores para animar a los hermanos a compartir. Pedir a los hombres que dirijan una oración semanal o una lectura pública de las Escrituras puede ayudarles a superar su reticencia.

La participación abierta no excluye la preparación privada. Cada hermano debe ser entrenado para considerar *de antemano* cómo el Señor podría usarle para edificar la iglesia (Heb. 10:25). Si una cuerda se extendiera por la superficie de un arroyo, varias cosas que de otro modo habrían pasado flotando se adherirían a ella a medida que avanza el día. Del mismo modo, pensar toda la semana sobre qué compartir la próxima reunión ayuda mucho. Si nadie trajera comida a una reunión familiar, no habría mucha fiesta. Si nadie viene al culto participativo dispuesto a contribuir, no habrá mucho que compartir.

Se podría preguntar lo siguiente a los hermanos: *¿Qué te ha mostrado el Señor esta semana durante tu tiempo con Él? ¿Hay algún testimonio que el Señor quiera que compartas? ¿Podrías comprometerte a dirigir un tiempo de oración? ¿Hay una canción que pueda edificar a la iglesia? ¿Hay un tema o pasaje de la Escritura para enseñar?*

La peor causa de la falta de participación es la ausencia de algo espiritual que compartir. Muchos cristianos no están ni caminando con el Señor ni viviendo vidas llenas del Espíritu. Pueden ser teológicamente tan rectos como el cañón de un fusil, pero igual de vacíos. Tales creyentes espiritualmente aburridos tendrán poco que valga la pena compartir el domingo. Una adoración participativa edificante sucede sólo cuando los miembros de la iglesia permanecen en Jesús. Con demasiada frecuencia, la liturgia y el dominio clerical se convierten en una cubierta necesaria para la carnalidad congregacional. Por el contrario, compartir y confesar sinceramente en la reunión puede hacer que aquellos que viven vidas de hipocresía se convenzan y se arrepientan de sus pecados. ¡La obediencia es contagiosa! Las personas que aman a Jesús no vienen a la iglesia para adorar; traen su adoración consigo.

Observaciones que no edifican: A veces, después de que los hermanos se acostumbran a compartir, se vuelven demasiado casuales en sus comentarios. A menos que alguien tenga el don de profecía, las declaraciones espontáneas típicamente no edifican a la asamblea. Un formato abierto no significa que la gente pueda decir lo que quiera. Los líderes necesitan recordarle a la iglesia que todo lo que se diga en la reunión debe estar diseñado para edificar el cuerpo. A veces, simplemente requerir que los oradores se levanten y se paren detrás de un púlpito, atril o puesto de música en la parte delantera de la sala (en lugar de hablar desde sus asientos) sofocará efectivamente los comentarios casuales y poco edificantes. Los ancianos deben adiestrar a cada persona para que recuerde: «Como manzanas de oro en engastes de plata es la palabra dicha a su tiempo» (Prv. 25:11).[29]

Las reuniones eclesiales no deben convertirse en sesiones de terapia para los heridos. La atención no debe centrarse exclusivamente en las personas necesitadas. Si se permite, los agujeros negros espirituales pueden chupar la vida de la reunión. Tales personas necesitan consejería; sin embargo, se debe hacer en un momento que no sea durante la adoración pública. La edificación corporativa debe seguir siendo la directriz principal.

---

[29] La Biblia de las Américas (LBLA), Copyright © 1986, 1995, 1997 by The Lockman Foundation

Es responsabilidad de los ancianos ayudar a la gente a entender lo que es y lo que no es edificante y proporcionar entrenamiento privado para ayudar a la gente a hacer comentarios edificantes. Los hermanos deben ser entrenados para decir cuál es el tiempo, en lugar de cómo construir un reloj. Como lo hace un lápiz, cada mensaje debe tener un punto. A los que comparten también se les debe enseñar a centrarse en un punto para que sea breve. Las palabras pronunciadas deben tener poder. El objetivo debe ser la exhortación. A pesar del mejor ejemplo, algunos hermanos simplemente no «lo captarán»; necesitan entrenamiento privado y repetidamente con respecto a los comentarios edificantes versus los no edificantes.

Tiene que haber un cierto grado de decoro. Pedro dijo: «Cada uno ponga al servicio de los demás el don que ha recibido, como buenos administradores de la multiforme gracia de Dios. Si alguien habla, hable conforme a las palabras de Dios» (1 Pe. 4:10-11).[30] La adoración participativa no debe ser interactiva. Por lo general, no es edificante cuando alguien del público trata de interactuar con la persona que tenía la carga de ponerse de pie para compartir. La iglesia no debe estar sujeta a tener que escuchar una conversación pública. Para edificar la iglesia durante el tiempo de adoración, los individuos deben presentar ofrendas verbales con la misma actitud con la que los santos del Antiguo Testamento traían ofrendas. Otros deben evitar que se acumule o se agregue a algo que ya se ha ofrecido (nosotros lo llamamos *dieseling*[31]).

Teología aberrante: El atractivo de una reunión participativa puede atraer a quienes buscan promover una doctrina excéntrica. Esta es otra situación en la que se necesitan ancianos. Timoteo, estacionado en Éfeso y sirviendo temporalmente como un anciano, debía «ordenar a algunos supuestos maestros que dejen de enseñar doctrinas falsas»

---

[30] Reina Valera Actualizada (RVA-2015), Version Reina Valera Actualizada, Copyright © 2015 by Editorial Mundo Hispano

[31] Nota del traductor: término que se usa para describir el que se siga agregando gasolina Diesel a un motor ya encendido.

(1 Tim. 1:3).[32] Un requisito para un anciano es que debe «ser capaz de enseñar sana doctrina, y también de reprender a los que la contradicen» (Tito 1:9). De manera similar, a Tito se le dijo: «Exhorta y reprende con toda autoridad. Que nadie te menosprecie» (Tito 2:15).[32] Juan advirtió sobre un conocido engañador: «No lo reciban en casa» (2 Jn. 1:10).[33] La prevención y corrección de errores es una razón por la que se necesitan ancianos.

Una manera de filtrar el error doctrinal es que la iglesia tenga una declaración oficial de fe. Los comentarios hechos durante la reunión de la iglesia deben ser consistentes con la declaración de fe. Además, sólo los hermanos que tienen un buen testimonio en la iglesia deben poder compartir. Cada semana se debe anunciar que sólo los miembros de la iglesia pueden hablar. Los miembros con creencias no heréticas, pero sin embargo extrañas, no deben ser libres de expresarlas públicamente. Los ancianos son los guardianes de los que se creen oradores.

Ignorancia acumulada: Durante una entrevista sobre la adoración participativa, un locutor de una emisora cristiana preguntó astutamente: «¿Cómo evitas que el tipo que menos sabe diga más?» En lugar de considerar de antemano cómo alentar a la iglesia, algunos vendrán a la reunión sin preparación. Las personas socialmente despistadas y carentes de la dirección del Espíritu harán discursos improvisados, divagantes y repetitivos que sería mejor no dar. Es el trabajo de los ancianos conocer a la congregación lo suficientemente bien como para estar al tanto de aquellos que son propensos a compartir de manera excesiva e inapropiada. Deben trabajar con ellos para ayudarlos a ser informados, concisos y juiciosos al compartir.

Visitantes perturbadores: Invitados desinformados podrían irritar fácilmente a la iglesia con comentarios poco edificantes. Los visitantes egocéntricos pueden querer dominar la reunión. Los mentalmente

---

[32] Santa Biblia, NUEVA VERSIÓN INTERNACIONAL® NVI® © 1999, 2015 por Biblica, Inc.®, Inc.® Usado con permiso de Biblica, Inc.®

[33] Las instrucciones de Juan eran especialmente relevantes para las iglesias en casa con reuniones participativas.

inestables tratarán de hablar en voz alta y a menudo, para disgusto de la asamblea. Los críticos podrían atacar públicamente las creencias de la iglesia. Los herejes errantes verán la reunión participativa como una oportunidad para promover teologías falsas. En esos casos se necesitan líderes para mantener la paz y restaurar el orden con sabiduría y paciencia. Una pizca de prevención vale más que una libra de curación; por lo tanto, sería prudente permitir que sólo los miembros de la iglesia o los invitados especiales tengan la oportunidad de hablar. El rebaño de Dios debe ser protegido de la vejación innecesaria.

Tamaño de la congregación: Las reuniones demasiado grandes (cientos de personas) o demasiado pequeñas (menos de diez o veinte) constituyen obstáculos para la participación. La presencia de demasiadas personas será hostil a la intimidad. Intimidará a los tímidos e inhibirá el intercambio y la rendición de cuentas. Sólo una pequeña fracción de los presentes en una gran reunión sería capaz de compartir de todos modos (aun si tuvieran el valor de hacerlo). Muy pocas contribuciones de personas en una pequeña congregación podrían hacer que la reunión pareciera aburrida debido a la falta de diversidad de dones espirituales. La típica iglesia del primer siglo, reunida en la villa de una persona rica, tendría de sesenta y cinco a setenta personas de asistencia.[34] Había 120 personas en el aposento alto.[35] Las primeras reuniones de la iglesia incluían decenas de personas: no cientos y, ciertamente, no miles.

Una ventaja para las iglesias pequeñas es la posibilidad de tener experiencias verdaderamente edificantes de adoración participativa. Cuando es bien administrada por los pastores, la adoración abierta aprovecha los dones espirituales de la congregación. Las personas se emocionan de asistir porque pueden hacer contribuciones significativas y ser bendecidas por las de los demás. A veces, un mensaje completo de Dios se transmite a través de la hermosa mezcla de testimonios, enseñanzas,

---

[34] Graydon Snyder, *Church Life Before Constantine* (Macon, GA: Mercer University Press, 1991), 70.

[35] Hechos 1:15 puede no reflejar una reunión común de la iglesia; sin embargo, indica el número de personas que podía reunirse en un cuarto del primer siglo.

cantos y la motivación de múltiples personas (muchos manantiales que se unen para fluir en un río). La promoción de los «unos a otros» en la asamblea puede ser de gran estímulo para los que trabajan con las iglesias pequeñas. ¿Por qué las Escrituras hablarían de estas cosas si no fueran importantes? La adoración participativa puede transformar las reuniones de las pequeñas iglesias de ordinarias a extraordinarias.

Los que llegan tarde: Si un hermano está compartiendo sinceramente y de corazón cuando una familia de repente llega tarde a la sala de reuniones, todos naturalmente se volverán para ver quién está entrando. Los recién llegados entonces se trepan por encima de las personas que ya están sentadas, las sillas se mueven, etc. ¿Qué efecto tendría esto en el mensaje que se estaba compartiendo? Será interrumpido y el Espíritu será sofocado. A los que lleguen tarde se les debe pedir que esperen tranquilamente afuera. No deben entrar en la sala de reuniones hasta que se haya cantado una canción o haya un cambio de oradores.

En la adoración participativa, no es raro que un recién llegado solicite una canción que ya se ha cantado. Peor aún, un hermano que llega tarde podría traer una exhortación relacionada con un evento actual, que la iglesia ya había pasado varios minutos considerando. La iglesia podría adoptar una política que obligue a los que llegan tarde a abstenerse de hablar porque no sabrían lo que ya ha sucedido (eso también desalentará la tardanza).

Tan poquito tiempo: Si un servicio se limita a una hora, la incorporación de música, el intercambio participativo y una lección profunda será difícil. Sería mejor que la reunión durara una hora y media o dos horas; incluso en ese caso, el tiempo de reunión debe administrarse con cuidado. Se debe prestar mucha atención al tiempo designado para cada fase de la reunión (cantar, compartir y enseñar). Además, se deben poner límites al número de personas que pueden compartir y a la cantidad de tiempo asignado a cada persona. Las observaciones podrían limitarse a 7, máximo 10 minutos. Esto evitará que la reunión esté dominada por una persona y permitirá que varias personas compartan. Será necesario que el liderazgo interrumpa ocasionalmente a los oradores que se alargan. Al final encontrará un modelo de boletín.

Enseñanza profunda: Alimentar a las ovejas es un componente crítico de la vida sana de la iglesia. Una enseñanza profunda y de calidad dirigida a los creyentes debe ser una parte integral de cada reunión dominical de la iglesia. Esta es la «enseñanza» a la que se hace referencia en 1 Corintios 14:26. Nuestro Señor instruyó a los apóstoles a hacer discípulos *enseñando* la obediencia a todos Sus mandamientos (Mateo 28:20). Hechos 2:42 dice que la iglesia de Jerusalén estaba dedicada a la *enseñanza* de los apóstoles. Uno de los requisitos para un anciano es que tenga la capacidad de *enseñar* (1 Tim. 3:2). Los ancianos que trabajan duro en la *enseñanza* son declarados dignos de un doble honor (apoyo económico; 1 Tim. 5:17-18). Por lo tanto, no se debe subestimar la importancia de la enseñanza. Lo ideal es una dieta constante de exposición sistemática de la Escritura con aplicaciones claras y prácticas. (Si el «qué» [el contenido] no conduce al «así qué» [la aplicación], entonces el «qué» no se ha enseñado correctamente.) El objetivo de toda instrucción debe ser promover el amor desde un corazón puro, una buena conciencia y una fe sincera (1 Timoteo 1:5). Debido a que queremos que la gente venga a Cristo, podemos caer en la tentación de convertir las reuniones de la iglesia en servicios evangelísticos. Sin embargo, el Nuevo Testamento indica que las reuniones de la iglesia son principalmente para el beneficio de los creyentes. Sirven para edificar a los cristianos en su fe y para animarlos a ser obedientes.

Dones carismáticos: Las iglesias que promueven el ejercicio de los dones carismáticos deben asegurarse de que las directrices de 1 Corintios 14:26-32 sean observadas de cerca. No se debe permitir hablar en lenguas a menos que se pueda interpretar. Debería permitirse un máximo de tres hablantes de lenguas. Las profecías también deben limitarse a tres oradores. Cualquiera que profetiza debe ser consciente de que sus palabras serán sopesadas cuidadosamente y juzgadas. Manejar esto puede ser confuso y frustrante porque los excesivamente emocionales e inestables a menudo se imaginan que tienen tales dones. Tal vez por eso a los tesalonicenses se les dio esta amonestación: «no desprecien las profecías, sométanlo todo a prueba, aférrense a lo bueno, eviten toda clase de mal» (1 Tes. 5:20-22).[36] En medio de estas declaraciones sobrenaturales debe haber orden: «Los espíritus de los profetas están sujetos al control de los profetas, porque Dios no es un Dios de desorden, sino de paz» (1 Co. 14:32-33). Una vez más, los ancianos desempeñaron un papel clave para asegurar que todo se hiciera «de manera adecuada y ordenada» (1 Co. 14:40). Los ancianos son responsables del control de calidad.

Mujeres: La adoración participativa obviamente no significa «todo vale.» Quienes hablaban en lenguas tenían que guardar silencio si no había intérprete. Los profetas tenían que guardar silencio si se les interrumpía. En todos los casos, se requería moderación por el bien común. La primera carta de Pablo a Timoteo (1 Tim. 2:12) revela que las mujeres no deben enseñar ni tener autoridad sobre los hombres. Por lo tanto, las hermanas no pueden presentar la enseñanza (1 Corintios 14:26). 1 Corintios 14:33-35 parece limitar aún más su participación (vaya a NTRF.org para ayuda con este tema).[37]

Niños: El Nuevo Testamento indica que los niños estaban presentes con sus padres en la adoración. Por ejemplo, Pablo quiso que algunas de sus cartas fueran leídas en voz alta a toda la iglesia (Col 4:16). Si los niños no hubieran estado presentes en la reunión, no habrían oído la instrucción de Pablo para ellos (Efesios 6:1-3; véase también Mt. 19:13-15; Luc. 2:41-50; Hechos 21:5). Es mejor para los niños permanecer con sus padres en el culto en lugar de estar apartados en una iglesia infantil.

Un niño pequeño que empieza a llorar fuerte en la reunión debe ser retirado por uno de los padres hasta que se haya calmado. Tener una habitación designada para este fin es beneficioso. Algunos padres

---

[36] Santa Biblia, NUEVA VERSIÓN INTERNACIONAL® NVI® © 1999, 2015 por Biblica, Inc.®, Inc.® Usado con permiso de Biblica, Inc.®

[37] "Women: Silent in Church?"

ignorarán esta necesidad. En esos casos, el liderazgo debe hablar con los padres en privado para que cooperen en el control de sus hijos. A los niños mayores se les debe enseñar a sentarse quietos o a jugar en silencio en el suelo para evitar causar molestias.

Expectativas falsas: Las personas nuevas invariablemente acudirán a un servicio de adoración participativa con nociones preconcebidas. Por ejemplo, algunos querrán tener una experiencia conmovedora de adoración o cantar sólo los grandes himnos de la fe. Otros asociarán exclusivamente cantos de alabanza con adoración sincera, esperarán que ocurran sanaciones dramáticas o desearán una presentación emocional del Evangelio. Cuando sus expectativas no se cumplen, el resultado es la decepción y el descontento. Los líderes de la iglesia deben ser conscientes de esto y tomar medidas para ayudar a las personas a tener expectativas bíblicas de las reuniones. Por ejemplo, podría publicarse una descripción de una reunión típica de la iglesia en su sitio web. En cada servicio, se podría hacer una breve declaración sobre la manera en que se llevará a cabo la reunión de la iglesia y se podría proporcionar un boletín a los visitantes para que sepan qué esperar.

Membresía regenerada: La capacidad de tener una adoración participativa presupone una membresía de la iglesia regenerada. Esto requiere disciplina de la iglesia. Los reformadores sentían que una de las características de una iglesia verdadera era la disciplina de la iglesia.[38] La maravilla del evangelio es que se hace provisión para el hermano pecador que no puede encontrar su camino al arrepentimiento por sí mismo. La gracia de una congregación amorosa le ayudará a ser restaurado a la comunión plena.[39]

Tres Fases: Recomendamos tres fases para cada reunión del Día del Señor. La primera fase podría ser participativa: compartir, testimonios, orar y cantar, seguido de un breve descanso. La segunda podría ser la enseñanza, traída por un anciano o hermano calificado para enseñar.

---

[38] *Belgic Confession*, Artículo 29.
[39] Mateo 18:15–22.

La tercera fase sería la Cena del Señor/*Ágape*. Por supuesto, el orden de las fases podría cambiarse para satisfacer las necesidades de la comunidad.

Ejemplo de boletín
Reunión
10:15–10:30 Llegar y organizarse
Conocer gente, disfrutar una taza de café y encontrar puesto.

10:30–11:30 Adoración participativa
Las reuniones de la iglesia del primer siglo se caracterizaban por el «cada uno tiene» (1 Cor. 14:26). En consecuencia, los creyentes de buen testimonio en la iglesia son libres de usar sus dones espirituales para edificar a los santos reunidos mediante cantos, testimonios cortos, lecturas de la Escritura, exhortaciones o alabanza.

11:30–11:45 Pausa corta
Levantarse, estirar las piernas, servirse otro café y saludar a alguien.

11:45–12:30 Enseñanza
Una parte integral de nuestra adoración participativa es la enseñanza profunda de la Palabra de Dios por un anciano o hermano con el don de enseñar.

12:30–2:30 La Cena del Señor/ Fiesta *Ágape*
La iglesia primitiva celebraba la Cena del Señor semanalmente como una cena completa. Esta sagrada comida es un tiempo maravilloso de edificación a través del compañerismo. Centrales son el pan y el vino que simbolizan la muerte de Jesús en la cruz para pagar por nuestros pecados. La copa única y el único molde de pan simbolizan la unidad. Como una oración expresada, la Cena del Señor nos recuerda la promesa de Jesús de regresar y comerla de nuevo con nosotros en el banquete de bodas del Cordero. ¡Ven, Señor Jesús!

Preguntas para Discusión

1. Tomado como un todo, ¿qué afirmaciones en 1 Corintios 14 indican que las reuniones de la iglesia primitiva eran participativas?

2. Supongamos que 1 Corintios 14:26 es una crítica a la iglesia corintia. ¿Cuál es la importancia de que la solución inspirada sea una regulación de la participación en lugar de una prohibición de la participación?

3. ¿Por qué es importante que todo lo que se dice en la reunión de la iglesia sea para edificación? *Véase 1 Corintios 14:1-25.*

4. De acuerdo a 1 Corintios 14 y Hebreos 10:24-25, ¿cuáles son algunos de los principios rectores para las reuniones participativas de la iglesia?

5. ¿Qué papel deben desempeñar los pastores en las reuniones participativas? *Véase 1 Timoteo 1:3-5, 3:5, 4:11-14, 5:17, 6:2; 2 Timoteo 4:1-2; Tito 2:1, 2:15.*

6. ¿Qué se puede hacer si, semana tras semana, pocos santos comparten algo de importancia en la adoración participativa?

7. ¿Por qué la ausencia de dones carismáticos no anularía el principio general de las reuniones participativas de la iglesia?

8. ¿Qué manda el Señor en 1 Corintios 14:37?

9. De acuerdo a Hechos 2:42, Hechos 14:26-28 y 1 Timoteo 4:13, ¿cuáles son algunas contribuciones apropiadas a una reunión de la iglesia?

10. ¿Qué ventajas tiene una congregación más pequeña sobre una más grande con respecto a la adoración participativa?

NTRF.org tiene audio, video y una guía de discusión para maestros sobre los Servicios de Adoración del Nuevo Testamento.

Estrategia #2

Llevando a los Santos a la Madurez a Través de la Enseñanza Dialógica

Hay muchas cosas buenas que vienen de la predicación en las grandes iglesias (como la de Charles Spurgeon). Sin embargo, en las congregaciones más pequeñas se debe considerar el costo de oportunidad de las presentaciones en forma de monólogos. *¿Qué método de enseñanza ofrece el Nuevo Testamento para hacer discípulos eficazmente en congregaciones de menos de 100 personas?*

Beneficio

Una gran ventaja de adoptar un estilo de enseñanza dialógico para los pastores bivocacionales es el tiempo que se ahorra en la preparación del sermón. Como hay debate, no se puede cubrir tanto texto cada semana (pero lo que se cubre será captado mejor por la iglesia), por lo que no se necesitará tanto tiempo para el estudio semanal. Además, el mensaje no tiene que elaborarse en forma de monólogo (tres puntos y un poema), lo que también ahorra tiempo.

Costo de Oportunidad: Se le preguntó a ChatGPT sobre el costo de oportunidad de los monólogos. La respuesta fue: «Los costos de oportunidad generales de las presentaciones con monólogo incluyen el tiempo y los recursos invertidos en preparar la presentación, la posibilidad de que el público no participe y la incapacidad de beneficiarse de las reacciones o la colaboración. Además, las presentaciones de monólogo pueden ser menos eficaces que las interactivas a la hora de transmitir información e inspirar acciones.»

Un Método de Enseñanza Inferior: La presentación en forma de monólogo es, francamente, un método inferior para provocar el aprendizaje en congregaciones pequeñas. Esto se debe a que muchos oyentes tienen una capacidad de concentración limitada (normalmente de veinte minutos). En consecuencia, se conectan y desconectan, captando sólo fragmentos de una conferencia y olvidan rápidamente el resto. Peor aún, una dieta semanal de sermones «imita a uno de los peores rasgos de la sociedad industrial moderna: la creación de una población dependiente, irreflexiva, semianalfabeta, relativamente carente de habilidades y casi desprovista de creatividad. Lejos de darse cuenta de que la estimulación de otras mentes es uno de los principales deberes de un maestro, la mayoría de los predicadores suelen hacer exactamente lo contrario».[1]

Pedagogía Participativa

Durante los primeros siglos de su existencia, el cristianismo fue una religión ilegal. Las iglesias tenían que reunirse en secreto, normalmente en casas particulares. En una villa romana podían caber unas cien personas, pero no cientos ni mucho menos miles. En congregaciones tan

---

[1]   David C Norrington, *To Preach or Not to Preach?* (Omaha: Ekklesia Press, 1996), 125.

reducidas, ¿era habitual la predicación de sermones unidireccionales y monológicos?

Pablo Mantuvo una Discusión: Consideremos las palabras que utilizó Lucas para describir cómo enseñaba Pablo cuando visitó la iglesia de Troas (Hch. 20:7ss). En primer lugar, Lucas registró que «Pablo hablaba con ellos» (20:7), de *dielegeto*, cuya forma léxica es *dialégomai* (traducido «diálogo»). Su significado primario es «llevar a cabo una discusión»[2] En otros lugares, *dialégomai* se traduce como «debatir» y «discutir».[3] Lucas usó la palabra de nuevo en 20:9, donde se traduce como «habló».

Además, Lucas señaló que Pablo «prolongó su <u>discurso</u> hasta medianoche» (20:7). «Discurso» proviene de *logos*, un término muy amplio. Aunque ciertamente puede referirse a un discurso, *logos* también puede significar simplemente hablar, como al conversar.[4]

Lucas describió además el método de comunicación de Pablo escribiendo que Pablo «<u>conversó</u> con ellos largamente». (20:11). En español, la palabra conversar está obviamente relacionada con la conversación. El griego subyacente es *homileo*, «hablar con alguien».[5] En este pasaje, *homileo* es prácticamente sinónimo de *dialégomai*. Pablo sin duda tenía mucho que decir, pero basándonos en Hechos 20:7-11, parece que no presentaba la información en forma de una conferencia. El método de enseñanza de Pablo era claramente más una discusión que un monólogo. Desde luego, no era un mensaje ininterrumpido, como si se emitiera por la radio.

Unos a Otros: Las reuniones de las iglesias primitivas eran bastante

---

2   Bauer, *Lexicon*, 185.
3   Hechos 18:4 y 19:8
4   Bauer, *Lexicon*, 477.
5   Bauer, *Lexicon*, 565.

pequeñas, lo que permitía hacer un gran énfasis en el ministerio de los «unos a otros». Por ejemplo, Hebreos 10:24-25 exhorta a los creyentes comunes a no abandonar la asamblea, sino a «estimularse unos a otros al amor y a las buenas obras... animándose unos a otros». Colosenses 3:16 afirma que los creyentes deben estar «enseñándose y amonestándose unos a otros». Pablo estaba satisfecho de que los cristianos en Roma fueran «capaces de instruirse unos a otros» (Ro. 15:14). Un estilo de enseñanza más interactivo parecería ser más adecuado en el contexto del enfoque de los «unos a otros» en las reuniones de la iglesia.

Participación: De 1 Corintios 14 se desprende que la espontaneidad, la informalidad y la libertad para hablar de los miembros ordinarios, no ordenados, era la norma en las reuniones de la iglesia del Nuevo Testamento: «cuando os reunís, *cada uno tiene* ...». (14:26, la cursiva es mía). Las directrices eran que sólo podía hablar uno a la vez y que todo lo que se dijera tenía que estar destinado a edificar la iglesia. Toda esta participación ordenada fue declarada «un mandato del Señor» (14:37). En este contexto de «cada uno tiene», Pablo también se refirió a una «enseñanza» (NVI[6]; de *didaché*; traducido «didáctico», 14:26). La JBS[7] aquí tiene «doctrina» - *ninguna de las dos se tradujo como «predicación"*. Con un formato tan abierto, ¿qué probabilidad había de que se exigiera a la congregación que se sentara en silencio y escuchara pasivamente una conferencia unidireccional?

Aprender Calladamente: Pablo prohibió a las mujeres enseñar o tener autoridad sobre un hombre. En cambio, las mujeres debían aprender «calladamente, con toda obediencia» (1 Tim 2:11).[8] La palabra griega para «calladamente» (*heschuia*) significa principalmente calladamente en el sentido de no causar problemas, de no discutir con el

---

[6]   NVI: Nueva Versión Internacional
[7]   JBS: Biblia del Jubileo
[8]   La Biblia de las Americas (LBLA), Copyright © 1986, 1995, 1997 by The Lockman Foundation

maestro. Se utilizó anteriormente en 1 Timoteo 2:1-2, donde se insta-
ba a orar por los reyes para que los cristianos «lleven una vida pacífica
y tranquila (*heschuia*)». También se utilizó en 2 Tesalonicenses 3:11-12
con referencia a los ociosos entrometidos a los que se animaba «a hacer
su trabajo tranquilamente (*heschuia*) y a ganarse su propio sustento.»
Así, durante los tiempos de enseñanza, las mujeres debían estar tran-
quilas, sin disputar con el maestro - un requisito que no era necesario
haber declarado a menos que fuera común que los congregados inte-
ractuaran con el orador.

Historia Cristiana Temprana: Un estudio de los escritos históricos
de los primeros cristianos confirma que las lecciones en las reuniones
de la iglesia eran de tal naturaleza que había una franqueza y apertura
considerables entre el maestro y la congregación. Se interrumpía a los
oradores con aplausos, pisotones, sugerencias al orador, citas públicas
de las Escrituras por parte de la congregación, llantos, risas y diálogos
entre el orador y el público.[9] Distaba mucho de la situación actual, en
la que los congregados se sientan en silencio y escuchan pasivamente
una conferencia bíblica de alto nivel.

Eruditos

Una habilidad que muchos educadores siguen encontrando difícil de enseñar es el pensamiento crítico. El filósofo Sócrates observó
positivamente que sus discípulos perdían a menudo la capacidad de
justificar sus propias creencias preconcebidas tras enfrentarse a una
serie de preguntas específicas y dirigidas. Entonces, utilizando más
preguntas adecuadas, Sócrates descubrió que estos mismos alumnos
acababan desarrollando un conocimiento autogenerado y la capacidad de regular sus propios pensamientos.[10]

---

[9] Norrington, *Preach*, 35.
[10] Douglas Oyler & Frank Romanelli, *The Fact of Ignorance: Revisiting the Socratic Method as a Tool for
    Teaching Critical Thinking*. ncbi.nlm.nih.gov. Consultado el 07/09/2023.

100 Preguntas de Jesús Recopiladas: La enseñanza del pensamiento crítico es un acto racional e intencionado.[11] Sencillamente, no puede enseñarse en una iglesia donde el pastor siempre predica. Según D.A. Blight, experto en métodos de enseñanza, «para que los alumnos aprendan a pensar, hay que ponerlos en situaciones en las que tengan que hacerlo. Las situaciones en las que están obligados a pensar son aquellas en las que tienen que responder a preguntas, porque las preguntas exigen una respuesta activa...».[12] Así pues, no es de extrañar que la formulación de preguntas constituyera el núcleo del método de enseñanza de Jesús en entornos reducidos. En los Evangelios se recogen más de cien preguntas formuladas por Jesús. Él preguntaba constantemente. Se ha dicho que Jesús «no vino a responder preguntas, sino a hacerlas; no a tranquilizar las almas de los hombres, sino a provocarlas.»[13]

Malos Hábitos: Entre los hábitos de los alumnos que *no* utilizan habilidades de pensamiento crítico se incluyen la desorganización en el procesamiento y la preparación del pensamiento, el pensamiento excesivamente simplista ("Tengo suficiente información. No hay necesidad de buscar información adicional"), y el uso de criterios poco razonables ("He orado al respecto y mi fe es sincera. Las pruebas de lo contrario son irrelevantes").[14]

Thomas Sowell afirmó: «El problema no es que Johnny no sepa leer. El problema ni siquiera es que Johnny no sepa pensar. El problema es que Johnny no sabe lo que es pensar; lo confunde con sentimientos».[15]

---

[11] "Critical Thinking Skills Toolkit", ADEA.org. Consultado el 21/11/2023.
[12] Norrington, *Preach,* 124.
[13] HH Horne, *Jesus the Master Teacher* (New York: Association Press, 1920), 51.
[14] "Critical Thinking Skills Toolkit", ADEA.org. Consultado el 21/11/2023.
[15] BrainyQuote.com/quotes/thomas_sowell_163937. Consultado el 09/03/2024

Buenos Hábitos: El educador Robert Ennis resumió que los pensadores críticos tienden a ser capaces tanto de adoptar como de cambiar una postura según lo dicten las pruebas, pueden mantener la pertinencia de la cuestión, buscar información, mantener una mentalidad abierta, tener en cuenta toda la situación, ser capaces de mantener en mente el problema original, buscar razones, tratar los componentes de un problema complejo de forma ordenada, buscar un planteamiento claro del problema, buscar opciones, mostrar sensibilidad hacia los sentimientos de los demás y profundidad de conocimientos, y utilizar fuentes creíbles.[16]

Predicar Vs. Enseñar

Una diferencia importante entre la predicación y la enseñanza en el pensamiento moderno es que una enseñanza puede interrumpirse con mayor naturalidad. Se pueden hacer preguntas, añadir ideas y exponer desacuerdos. Jesús encomendó a los apóstoles la tarea de hacer discípulos, un proceso que, según Él, requería «enseñar» (*didasko*) a la gente a hacer todo lo que Él mandaba, *no predicar acerca de hacerlo*.[17] Hechos 2:42 deja claro que los discípulos se dedicaron a la «enseñanza» (*didaché*) de los Apóstoles, *no a su predicación*. En sintonía con esto, en los dos pasajes que citan las cualificaciones para un líder de la iglesia, uno afirma que debe ser «capaz de enseñar (*didatikos*)» (1 Tim. 3:2), y el otro, «capaz de instruir (*didaskalia*)» (Tito 1:9). *La capacidad de predicar no era un requisito.* En 2 Timoteo 2:24-25a, aprendemos que el siervo del Señor debe ser «capaz de enseñar ... corrigiendo a sus oponentes con mansedumbre» (este enfoque de enseñanza gentil parecería ser lo opuesto a la predicación unidireccional, estilo show).

Habilidades de Virtuoso: El problema se ve agravado por el hecho

---

[16] Robert Ennis, "Critical thinking and subject specificity: clarification and needed research", *Educ Researcher* 1989; 18:4-10.
[17] Mateo 28:19-20.

de que pocos líderes de la iglesia poseen las considerables habilidades virtuosas necesarias para elaborar y presentar eficazmente una conferencia interesante. Tal vez lo peor sea que la comunicación unidireccional a menudo embota la curiosidad, provoca pasividad, crea una dependencia enfermiza del predicador y no prepara eficazmente a las personas para el estudio independiente. La conferencia es un método de comunicación antinatural, inapropiado, poco eficaz y demasiado formal en las iglesias pequeñas.

El Pedigrí de la Predicación

En la sociedad secular griega y romana, el estilo oratorio conocido como retórica era una forma popular de entretenimiento. Era muy similar a lo que hoy conocemos como predicación. Se trataba de un monólogo interesante, persuasivo y emotivo. Incluso se consideraba una forma de arte.[18]

Edificios Enormes, Grandes Números: El historiador Edwin Hatch nos informa de que no fue sino hasta siglos después de la época del Nuevo Testamento cuando la retórica del monólogo se incorporó con regularidad a las reuniones de la iglesia.[19] Su introducción se debió en parte a la repentina afluencia de un gran número de creyentes nominales a la iglesia, después de que el cristianismo se convirtiera en la religión oficial del Imperio Romano. Además, las congregaciones pasaron de la intimidad de las villas romanas de propiedad privada a grandes edificios impersonales que podían albergar a cientos de personas.[20]

Creyentes Nominales: La enseñanza de discusión del tipo «unos a

---

[18] Norrington, *Preach*, 44.

[19] Edwin Hatch, *The Influence of Greek Ideas and Usages Upon the Christian Church* (Edinburgh: Williams y Norgate, 1891), 86-115.

[20] Harold Turner, *From Temple to Meeting House* (New York: Mouton Publishers, 1979), 159-162.

otros», modelada por Pablo en Troas, se hizo así impracticable, no sólo por el gran número de asistentes, sino también por la naturaleza nominal de estos nuevos «discípulos».[21] Además, dado que muchos de los primeros Padres de la Iglesia habían sido retóricos antes de su conversión (Tertuliano, Arnobio, Cipriano, Lactancio, Agustín, etc.), no es de extrañar que emplearan fácilmente esta forma de comunicación.[22]

Sigue el Ejemplo de Pablo: Corinto era una ciudad llena de sofistas que dominaban el persuasivo arte de la retórica. Eran elocuentes, muy respetados y tenían muchos seguidores.[23] Es interesante que Pablo parece haber estado decididamente en contra de copiar la retórica de tipo escénico que era tan popular en su época. Lamentablemente, la iglesia de Corinto se había dividido en facciones que seguían a varios líderes cristianos populares (Apolos, Pedro, Pablo e incluso Cristo). Peor aún, incluso habían caído bajo el encanto de varios falsos «superapóstoles» de hablar carismático (2 Cor. 11:5). De su carta a la Iglesia de Corinto se desprende que Pablo no hablaba «con palabras elocuentes, para que no se haga vana la cruz de Cristo» (1 Cor. 1:17), y que «no vino... con altivez de palabra ni con sabiduría» (1 Cor. 2:1). Al contrastarse con los superapóstoles, Pablo admitió que era «poco hábil para hablar» (2 Cor. 11:6). Evidentemente, Pablo quería ser como el burro que llevó a Jesús el Domingo de Ramos; las multitudes apenas se fijaron en el burro: miraban a Jesús. Aplaudieron a Jesús, no al burro.[24]

Rechaza la Retórica: Entonces, ¿qué sentido tiene? Hoy en día, en una iglesia pequeña, del tamaño de una villa romana, compuesta por

---

[21] Hans von Campenhausen, *Ecclesiastical Authority and Spiritual Power in the Church of the First Three Centuries* (Stanford: Stanford University Press, 1969), 208.

[22] Norrington, *Preach*, 46.

[23] The Bible Effect, "1 and 2 Corinthians Historical Background", YouTube.com. Consultado el 8 de Agosto de 2023.

[24] *Adrianism: The Collected Wit and Wisdom of Adrian Rogers* (Collierville, Innovo Publishing: 2016), 319.

creyentes genuinos, debería cuestionarse seriamente el uso continuado de la antigua retórica romana. No copie sencillamente lo que las grandes iglesias se ven obligadas a hacer debido a su tamaño. Presentar un mensaje en el que la congregación escucha pasivamente en silencio, no es la mejor manera de provocar el aprendizaje y es totalmente inapropiado en un entorno más pequeño.

Predicar

La palabra «predicar» ha sido, francamente, sobrecargada en nuestras Biblias inglesas.[25] Más de treinta palabras griegas diferentes se tradujeron como «predicar» en la versión King James, lo que influyó enormemente en la mayoría de las traducciones inglesas posteriores.[26] Sería un error suponer que la actividad del Nuevo Testamento a la que se hace referencia como predicar es similar a la que realizan semanalmente los predicadores modernos en sus púlpitos.[27]

euangellizo: Una palabra griega común que suele traducirse como «predicar» es *euangellizo* (transliterada «evangelizar»).[28] Como era de esperar, se refiere a la evangelización. Por ejemplo, Pablo escribió que Cristo le envió a «predicar el evangelio» (traducido de una sola palabra, *euangellizo*, 1 Cor. 1:17). Esta actividad tenía lugar en sinagogas, mercados y lugares como la Colina de Marte. Puesto que las reuniones de la iglesia del Nuevo Testamento estaban diseñadas para la edificación de los creyentes (1 Cor. 14:26), no para la evangelización de los incrédulos, este tipo de predicación no era típica en una reunión semanal de la iglesia. R.H. Mounce comentó que tal como se usa en el Nuevo Testamento, la predicación «no es un discurso religioso a un

---

[25] Nota del traductor: Lo mismo ha pasado en muchas versiones de las traducciones de la Biblia al español.
[26] Norrington, *Preach*, 27.
[27] Norrington, *Preach*, 27.
[28] La forma del sustantivo, *euangelion*, significa "buenas nuevas"— el Evangelio.

grupo cerrado de iniciados...».[29]

kérusso: Otra palabra griega común traducida históricamente como «predicar» es *kérusso*. También suele asociarse a la evangelización.[30] Por ejemplo, «¿cómo predicarán (*kérusso*) sin ser enviados?». (Rom. 10:15). En el griego clásico, indicaba un anuncio público y autorizado que exigía cumplimiento.[31] *Kérusso*, en el siglo I, significaba «anunciar, dar a conocer» (históricamente por un heraldo).[32] Sin embargo, no debemos limitar nuestro pensamiento a un único método de anuncio, como la predicación del Evangelio al aire libre realizada por Whitefield y Wesley. *Kérusso* también puede tener simplemente el sentido de dar aviso o informar.[33] Por ejemplo, si alguien comparte tranquilamente el Evangelio con la persona junto a la que está sentado, le ha «predicado» (sin nunca haber levantado la voz). El anuncio del evangelio en el Nuevo Testamento, como quiera que se hiciera, se dirigía principalmente a los perdidos, no a la iglesia reunida. C.H. Dodd definió la predicación neotestamentaria como «la proclamación pública del cristianismo al mundo no cristiano».[34]

Predica la Palabra: ¿Qué hay de los pocos textos que parecen apoyar la predicación (*kérusso*) a los cristianos en las reuniones de la iglesia? Por ejemplo, Pablo encargó a Timoteo que «predique (*kérusso*) la palabra; esté preparado a tiempo y fuera de tiempo; corrija, reprenda y anime con toda paciencia y enseñanza» (2 Tim. 4:2). La referencia de Pablo a la «palabra» (*logos*) se refiere probablemente a las Escrituras mencionadas dos versículos antes en 3:16 ("Toda la Escritura

[29] RH Mounce, "Preaching", *New Bible Dictionary*, 2nd edition, JD Douglas, ed., (Wheaton: Tyndale, 1982), 961.

[30] Norrington, *Preach*, 32.

[31] U. Becker, D. Muller, "Proclamation, Preach, Kerygma", *New International Dictionary of New Testament Theology*, Colin Brown, ed., Vol. 3 (Grand Rapids: Zondervan, 1978), 45.

[32] Bauer, *Lexicon*, 431.

[33] Becker, "Proclamation", 47.

[34] Mounce, "Preaching", 961.

es inspirada por Dios"). Cabe destacar que la orden de Pablo de «predicar la palabra» debía caracterizarse por una «paciencia y enseñanza completas» (4:2). Como ya se ha dicho, *kérusso* significa fundamentalmente «dar a conocer». Parte de la forma en que Timoteo fue encargado de dar a conocer la Palabra de Dios fue claramente a través de la «enseñanza». Hay muchas maneras de dar a conocer las Escrituras, además del concepto moderno de predicar un sermón.

katangello: Una palabra menos común que podría traducirse como «predicar» es *katangello*. Sin embargo, en el Nuevo Testamento no se refiere a ninguna forma concreta de proclamación.[35] La forma en que se llevaban a cabo estas proclamaciones se ha perdido para la historia. Considerar que *katangello* es lo mismo que un predicador que predica un sermón sería suponer demasiado. Mi objetivo no es demostrar que nunca hubo sermones en las reuniones de la iglesia primitiva, sino que había otra forma que era más común y más eficaz: la enseñanza dialogada.

¿Son todos predicadores?: Con todo el énfasis que se pone hoy en día en la «centralidad de la predicación»[36], merece la pena señalar que en 1 Corintios 11-14 -una larga sección sobre la eclesiología- nunca se mencionan ni los predicadores ni la predicación. En esta sección, al enfatizar la gran diversidad de dones espirituales dados para edificar la iglesia, Pablo no preguntó: «¿Son todos predicadores?». En cambio, preguntó: «¿Son todos maestros?». (1 Cor. 12:29). El directorio de dones espirituales de Romanos 12 enumera la «enseñanza» (*didaskalia*), pero no la predicación (*kérusso*, 12:7).

¿Profetas = Predicadores?: Algunos han especulado que los profetas a los que se hace referencia en 1 Corintios 14 eran el equivalente a

---

[35] Becker, "Proclamation", 45.
[36] "Mohler cites preaching's centrality in 'Power in the Pulpit' seminar", BaptistPress.org.

los predicadores modernos. Supongamos que así fuera. El texto deja claro que en cualquier día del Señor predicaban dos o tres (no sólo uno, como es habitual hoy en día). Además, el predicador podía ser interrumpido y detenido a mitad del sermón: «Si alguien que está sentado recibe una revelación, el que esté hablando ceda la palabra» (14:30). Aún más interesante, cada sermón debía juzgarse allí mismo, en el acto: «Que dos o tres profetas hablen, y los demás juzguen» (14:29, LBLA[37]). ¡Eso sí que sería una reunión interesante! Sin embargo, Thomas Schreiner ha señalado que los profetas no eran como los predicadores modernos. Los profetas, a diferencia de los predicadores, no exponían las Escrituras basándose en su propio y previo estudio cuidadoso. Más bien, hablaban espontáneamente cuando recibían mensajes directamente de Dios (1 Cor. 14:29-30).[38]

Trabaja en la Palabra y la Doctrina: 1 Timoteo 5:17 se refiere a los ancianos que se ocupaban tanto de «predicar como de enseñar» (LBLA). La palabra griega relacionada con «predicar» es *logos*, que fundamentalmente se refiere a una «palabra» literal pronunciada al hablar.[39] También podría referirse a un discurso, pero no es la palabra griega típica utilizada para lo que hoy consideramos predicación (*kérusso*). Y, cualquiera que sea su significado, es claramente diferente de la enseñanza (*didaskalia*) mencionada en el mismo texto. Dado que logos también puede referirse a la Palabra escrita de Dios,[40] es posible que lo que Pablo tenía en mente fuera la Escritura y no la predicación. Es decir, los líderes de la iglesia que trabajan duro estudiando las Escrituras y posteriormente enseñándolas son dignos de doble honor. Así, la RVA-2015 tiene: «... los que trabajan arduamente en la <u>palabra</u> y en la enseñanza». Una vez más, el punto no es que predicar un sermón

---

[37] LBLA: La Biblia de las Américas

[38] Thomas Schreiner, *Spiritual Gifts: What They Are & Why They Matter* (Nashville: B&H Publishing, 2018), capítulo 6.

[39] Bauer, *Lexicon*, 477.

[40] Bauer, *Lexicon*, 478.

nunca absolutamente podría haber ocurrido en una reunión de la iglesia. El punto es que, a diferencia de la enseñanza, la predicación de un sermón no era una ocurrencia semanal regular.

Prescripción

Deberíamos evaluar el coste de oportunidad de la predicación semanal de sermones en iglesias más pequeñas. Los estilos de comunicación que vemos en el Nuevo Testamento simplemente no eran los mismos que un ministerio desde el púlpito al estilo occidental. Aunque mucho bien proviene de la predicación, la enseñanza de tipo discusión es más efectiva y podría decirse que más bíblica.

Preguntas Desafiantes: ¿Cómo podemos, como líderes eclesiales, servir mejor a la Iglesia en la forma en que enseñamos, para hacer discípulos de la manera más eficaz? La costumbre ha sido descrita como el tirano más feroz de todos. No seamos inconscientemente como aquellos a los que Jesús se enfrentó, que dejaron de lado la Palabra de Dios en aras de su tradición. Es mucho mejor seguir el ejemplo del Nuevo Testamento y dejar de dar sermones en las iglesias pequeñas. Haga preguntas desafiantes que hagan que la gente piense y descubra la verdad por sí misma. Adopte el estilo de enseñanza de discusión modelado tanto por Jesús como por Pablo.

«Por lo tanto, vayan y hagan discípulos de todas las naciones, bautizándolos en el nombre del Padre y del Hijo y del Espíritu Santo, enseñándoles a obedecer todo lo que les he mandado a ustedes.»[41]

NTRF.org ofrece un taller sobre cómo dirigir una discusión sobre la Biblia.

---

[41] Mateo 28:19-20

Estrategia #3

Estrategia de la Comunión para Desarrollar Unidad y Comunidad

¿Se ha convertido la Santa Cena en su iglesia en una cena perdida? La iglesia primitiva celebraba la Cena del Señor cada semana como una comida real, centrada alrededor de una copa y un molde de pan. Jesús empoderó a la iglesia con esta antigua estrategia de comunión para crear unidad sobrenatural, comunidad amorosa, y santidad en vista de Su regreso.

Beneficios

El pan y el vino recuerdan la muerte de Jesús en la cruz. Colocarlos en el contexto de una comida añade una mirada futura hacia el banquete de las Bodas del Cordero. Esta comida semanal relajada, sin prisas, es un medio importante para fomentar las relaciones, edificar la iglesia, desarrollar la comunión, cimentar los lazos de amor y crear unidad.

Eruditos

La opinión académica se inclina claramente hacia la conclusión de que la Cena del Señor se comía originalmente como una comida completa:

En *Teología del Nuevo Testamento*, Donald Guthrie declaró que el apóstol Pablo «establece la Cena del Señor en el contexto de la comida de comunión.»[1]

El editor de la notable serie de comentarios evangélicos *New International Commentary on the New Testament*, Gordon Fee, habló de «el fenómeno casi universal de las comidas de culto como parte de la adoración en la antigüedad.» Afirmó que «en la iglesia primitiva la Cena del Señor se comía muy probablemente como, o en conjunción con una comida tal.» Fee señaló además que: «Desde el principio, la Última Cena no era para los cristianos una Pascua cristiana anual, sino una comida repetida regularmente en «honor del Señor», de ahí la Cena del Señor.»[2]

En el *New Bible Dictionary*, G. W. Grogan observó que «la administración de la Eucaristía muestra que se sitúa en el contexto de una cena de comunión... La separación de la comida o el ágape de la Eucaristía se encuentra fuera de los tiempos del NT.»[3]

En su comentario sobre 1 Corintios, C. K. Barrett declaró que: «La Cena del Señor era todavía en Corinto una comida ordinaria a la que se adjuntaban actos de significación simbólica, en lugar de una comida puramente simbólica.»[4]

John Gooch, editor de la United Methodist Publishing House escribió: «En el primer siglo, la Cena del Señor incluía no sólo el pan y la copa, sino toda una comida.»[5]

---

[1]   Donald Guthrie, *New Testament Theology* (Downers Grove, IL: Inter-Varsity, 1981), 758.

[2]   Fee, "Corinthians," 532, 555.

[3]   G. W. Grogan, "Love Feast," *The New Bible Dictionary*, ed. J. D. Douglas (Wheaton: Tyndale, 1982), 712.

[4]   C. K. Barrett, "The First Epistle to the Corinthians", *Black's New Testament Commentary* (Peabody, MA: Hendrickson, 1968), 276.

[5]   John Gooch, *Christian History & Biography*, Issue 37 (Carol Stream, IL: Christianity Today, 1993), 3.

El profesor de Yale, J. J. Pelikan, concluyó: «A menudo, si no siempre, se celebraba en el marco de una comida común.»[6]

Prueba

El escenario para la primera Cena del Señor fue la *Fiesta* de la Pascua. Jesús y sus discípulos se reclinaron alrededor de una mesa llena de comida (Ex. 12, Dt. 16). Jesús tomó pan y lo comparó con su cuerpo *«mientras* comían» (Mt. 26:26; énfasis mío). *«Después* de la cena» (Luc. 22:20; énfasis mío), Jesús tomó la copa y la comparó con su sangre, que pronto sería derramada por el pecado. El momento correcto lo es todo. El pan y el vino de la Cena del Señor se introdujeron en el contexto de una comida propiamente dicha. Los doce habrían entendido naturalmente que la Cena del Señor debía ser también una comida. *Deipnon*, la palabra griega para «cena», significa cena o banquete: la comida principal hacia la tarde.[7] Podría decirse que nunca se refiere a nada menos que una comida completa.

En la última Cena, Jesús dijo: «…yo mismo les confío un reino… para que coman y beban a mi mesa en mi reino» (Luc. 22:29-30).[8] ¿Cuál es la razón de esta comida escatológica? Los judíos del primer siglo pensaban en el cielo como un tiempo de banquete a la mesa del Mesías. Por ejemplo, un líder judío dijo una vez a Jesús: «¡Dichoso el que coma en el banquete en el reino de Dios!» (Luc. 14:15).[8] Jesús mismo habló de aquellos que «participarán en el banquete con Abraham, Isaac y Jacob en el reino de los cielos» (Mat. 8:11).[9]

Isaías describió la fiesta venidera del reino de esta manera: «el Señor Todopoderoso preparará para todos los pueblos un banquete de

---

[6] Jaroslav Pelikan, "Eucharist," *Encyclopaedia Britannica*, ed. Warren Preece, Vol. 8 (Chicago: William Benton, Publisher, 1973), 808.

[7] Bauer, *Lexicon,* 173. Usado en 1 Corintios 11:20.

[8] Santa Biblia, NUEVA VERSIÓN INTERNACIONAL® NVI® © 1999, 2015 por Biblica, Inc.®, Inc.® Usado con permiso de Biblica, Inc.®

[9] Esta imagen del cielo como comiendo en la presencia de Dios puede haber tenido su origen en la experiencia del Sinaí. Cuando los ancianos subieron con Moisés a la cumbre del monte, Dios no levantó su mano contra ellos. En cambio, «vieron a Dios, y comieron y bebieron» (Ex. 24:11).

manjares especiales, un banquete de vinos añejos, de manjares especiales y de selectos vinos añejos... Devorará a la muerte para siempre; el Señor omnipotente enjugará las lágrimas de todo rostro, y quitará de toda la tierra el oprobio de su pueblo. El Señor mismo lo ha dicho.»[8] (Isa. 25:6-8). El libro de Apocalipsis describe un tiempo futuro de celebración en el banquete de bodas del Cordero (Ap. 19:9).

Cuando la iglesia primitiva observaba la Cena del Señor, que incluía el pan y la copa, era como una verdadera comida. Es importante entender por qué la Cena del Señor fue originalmente una comida. Es una imagen y un anticipo de lo que estaremos haciendo cuando Jesús regrese para comerla con nosotros. ¿Qué mejor manera de tipificar el banquete de bodas del Cordero que con una comida manifestando toda la emoción, comunión y amor de la fiesta celestial?

El tratamiento más extenso sobre la Cena del Señor se encuentra en 1 Corintios 10-11. La iglesia de Corinto lo celebraba claramente como una comida. Sin embargo, las divisiones culturales y de clase dieron lugar a que sus reuniones de comunión hicieran más daño que bien (11:17-18). La clase alta, no queriendo cenar con los de la clase social más baja, evidentemente llegaba más temprano a la reunión para evitar a los pobres. Para cuando llegaban los creyentes de la clase obrera, quizás retrasados por las restricciones laborales, toda la comida había sido consumida. Los pobres se iban a casa con hambre (11:21-22). Los ricos no estimaban a sus hermanos empobrecidos como miembros iguales del cuerpo de Cristo (11:23-32).

El abuso corintio era tan grave que la Cena *del Señor* se había convertido en *sus propias* cenas: «...cuando se reúnen, ya no es para comer la Cena del Señor, porque cada uno se adelanta a comer su propia cena...» (11:20–21).[10] Si el objetivo hubiera sido simplemente comer la propia cena, entonces la cena privada en casa habría sido suficiente. Así, Pablo preguntó a los ricos: «¿Acaso no tienen casas donde comer

---

[10] Santa Biblia, NUEVA VERSIÓN INTERNACIONAL® NVI® © 1999, 2015 por Biblica, Inc.®, Inc.® Usado con permiso de Biblica, Inc.®

y beber?»[10] (11:22). Considerando la naturaleza del abuso, es evidente que la iglesia corintia participaba regularmente de la Cena del Señor como una comida.

Se ha sugerido que los abusos en Corinto llevaron a Pablo a eliminar la comida. Por ejemplo, decía el comentario original de la *Biblia de Ginebra* de 1599: «Al Apóstol le pareció bien eliminar las fiestas de amor, por el abuso de ellas, aunque se hacían por mucho tiempo y con elogio en las Iglesias, y habían sido designadas e instituidas por los Apóstoles.»[11] Esto lleva a la siguiente pregunta: ¿Habría anulado Pablo por sí solo una práctica que había sido establecida por Jesús, enseñada por los apóstoles y mantenida por todas las iglesias? Creemos que no. Sin embargo, el comentario de la *Biblia de Ginebra* afirma la existencia de la celebración simultánea de la Cena del Señor y de la fiesta de amor, tal y como la instituyeron los apóstoles.

Se ha dicho que el mejor antídoto contra el abuso es el uso apropiado y no el desuso. La solución de Pablo al abuso corintio *no* fue deshacerse de la comida. En cambio, Pablo escribió: «…cuando se reúnan para comer, espérense unos a otros» (11:33).[10] Sólo aquellos que estaban tan hambrientos que no podían esperar a los demás recibieron instrucciones de «comer en casa» (11:34). El aclamado comentarista C. K. Barrett advirtió: «El punto de Pablo es que, si los ricos quieren comer y beber por su cuenta, disfrutando de mejor comida que sus hermanos más pobres, deben hacerlo en casa; si no pueden esperar a los demás (versículo 33), si deben complacerse en exceso, pueden por lo menos mantener la comida común de la iglesia libre de prácticas que sólo pueden traer descrédito sobre ella… Pablo simplemente quiere decir que aquellos que están tan hambrientos que no pueden esperar a sus hermanos deben satisfacer su hambre antes de salir de casa, para que la decencia y el orden prevalezcan en la asamblea.»[12]

En resumen, está claro en las Escrituras que en la iglesia primitiva

---

[11] *1599 Geneva Bible* (White Hall, WV: Tolle Lege Press, 2006), 1180.

[12] Barrett, "Corinthians," 263 & 277.

el pan y el vino de la Cena del Señor se comían en el contexto de una comida. La comunión se celebraba no sólo con el Señor a través de los elementos, sino también con otros creyentes a través de la comida. Esta práctica de la iglesia primitiva construye comunidad y unidad, edifica a la iglesia y tipifica la próxima fiesta escatológica. Celebrar la Cena del Señor como una comida es como participar en la cena de ensayo para una gran boda y fiesta.

Perspectiva: Un enfoque futuro

Fritz Reinecker declaró: «La Pascua celebraba dos eventos, la liberación de Egipto y la anticipada liberación mesiánica venidera.»[13] Miraba tanto al pasado como al futuro. Cuando Jesús transformó la Fiesta de la Pascua en la Cena del Señor, Él la dotó de características pasadas y futuras. Mira hacia atrás al sacrificio de Jesús como el último Cordero Pascual que libra a Su pueblo de sus pecados, y espera con ansias el momento en que Él vendrá otra vez y lo comerá con nosotros. El *Baptist Faith and Message* del 2000 declara: «La Cena del Señor es un acto simbólico de obediencia por medio del cual los miembros de la Iglesia, al participar del pan y del fruto de la vid, conmemoran la muerte del Redentor y *anticipan su segunda venida*» (énfasis añadido).[14]

R. P. Martin, profesor de Nuevo Testamento en el Seminario Teológico Fuller, escribió sobre las «connotaciones escatológicas» de la Cena del Señor «con una mirada hacia adelante al advenimiento glorioso.»[15] El futuro reino de Dios pesaba en la mente del Señor durante la Última Cena. Jesús menciona primero el futuro al inicio de la Pascua: «…no volveré a comerla hasta que tenga su pleno cumplimiento

---

[13] Fritz Reinecker and Cleon Rogers, *Linguistic Key to the Greek New Testament* (Grand Rapids: Zondervan, 1980), 207.

[14] "The Baptist Faith and Message," sbc.net, accedido el 6 de Septiembre de 2016.

[15] R. P. Martin, "The Lord's Supper," *The New Bible Dictionary*, ed. J. D. Douglas (Wheaton: Tyndale, 1982), 709.

en el reino de Dios» (Luc. 22:16).[16] «Hasta», *heos hutou*, mira hacia el futuro. Indica una ocurrencia *futura*. Además, el uso de Jesús de «su pleno cumplimiento» sugiere que hay algo profético acerca de la Cena del Señor.

Jesús mencionó una futura comida mientras pasaba la copa: «Les digo que no volveré a beber del fruto de la vid hasta que venga el reino de Dios» (Luc. 22:18).[16] Cada vez que participamos de la copa, la promesa de Jesús de volver a beberla con nosotros debe ser considerada. Después de la cena, vuelve a referirse a la futura comida: «...les concedo un reino... para que coman y beban a mi mesa en mi reino» (Luc. 22:29-30).[16]

Así, vemos que Jesús impregnó la Cena del Señor con varias características de una visión futura. Como comida completa, prefigura la cena nupcial del Cordero. Cuando participamos de la copa debemos recordar las palabras de Jesús: «...no volveré a beber del fruto de la vid hasta que venga el reino de Dios» (Luc. 22:18)[16]. La *Enciclopedia Británica* describe lo siguiente: «El cristianismo primitivo consideraba esta institución como un mandato... aprender a conocer, incluso en esta vida presente, la alegría del banquete celestial que había de venir en el reino de Dios... el pasado, el presente y el futuro se unían en la Eucaristía.»[17]

1 Corintios 11:26 dice que a través de la Cena del Señor, proclamamos la muerte del Señor «hasta» que Él venga. «Hasta» normalmente denota un espacio de tiempo. Por ejemplo, se usa un paraguas *hasta* que deja de llover; luego se guarda. Usar el paraguas no hace que deje de llover. Sin embargo, la declaración de Pablo se centra en la razón para proclamar la muerte del Señor. La palabra griega para «hasta», *achri hou*, es inusual. El profesor conservador de teología alemana Fritz Rienecker indicó que este uso (con un verbo aoristo subjuntivo)

---

[16] Santa Biblia, NUEVA VERSIÓN INTERNACIONAL® NVI® © 1999, 2015 por Biblica, Inc.®, Inc.® Usado con permiso de Biblica, Inc.®

[17] Pelikan, "Eucharist," 808.

denota mucho más que un simple espacio de tiempo. Puede denotar una meta o un objetivo.[18]

En *The Eucharistic Words of Jesus* se argumentaba que la palabra griega *achri hou*, que subyace en «hasta» (1 Cor. 11:26), no es una mera referencia temporal. Funciona como una cláusula final. En otras palabras, la comida funciona como un recordatorio constante a Dios para llevar a cabo la Segunda Venida.[19] Pablo instruyó a la iglesia a compartir el pan y la copa como un medio de proclamar la muerte del Señor con el objetivo de su regreso. Así, al anunciar Su muerte a través del pan y la copa la Cena anticipa Su regreso. El profesor Herman Ridderbos declaró: «No se trata simplemente de un recordatorio subjetivo, sino de una manifestación activa del significado continuo y actual de la muerte de Cristo. 'Proclamar' a este respecto tiene un significado profético, declarativo... Todo está dirigido no sólo hacia el pasado, sino también hacia el futuro. Es el anuncio de que en la muerte de Cristo ha entrado en vigor la nueva y eterna alianza de la gracia, aunque todavía de manera provisional y aún no consumada».[20]

Es interesante que los primeros creyentes utilizaron *maranatha* («Señor, ven») en *Didache* x.6 como una oración en relación con la Cena del Señor, «un contexto a la vez eucarístico y escatológico.»[21] Vinculando esto a la situación de Corinto, R. P. Martin escribió: «*Maranatha* en 1 Corintios 16:22 puede muy bien colocarse en un escenario eucarístico, de modo que la conclusión de la carta termina con la invocación '¡Ven, Señor nuestro!' y prepara el escenario para la celebración de la cena después de que la carta haya sido leída a la congregación.»[22]

---

[18] Reinecker, *Linguistic*, 427. Otras instancias de esta construcción gramatical en los pasajes escatológicos incluyen Lucas 21:24, Romanos 11:25 y 1 Corintios 15:25.

[19] Joachim Jeremias, *The Eucharistic Words of Jesus* (New York: Charles Scribner's Sons, 1966), 252–254.

[20] Herman Ridderbos, *Paul: An Outline of His Theology*, trans. John R. deWitt (Grand Rapids: Eerdmans, 1975), 422.

[21] Barrett, "Corinthians", 397.

[22] Martin, "Supper", 709.

Propósito # 1: Comunión

En la antigua cultura judía, compartir una comida simbolizaba aceptación y compañerismo. Así, en Apocalipsis 3:20, Jesús ofreció «comer» (*deipneo*) con cualquiera que oyera Su voz y abriera la puerta. Una de las mayores bendiciones de celebrar la Cena del Señor como una comida es la comunión genuina que todo el mundo disfruta. Este tema de la comunión en el banquete es evidente en el libro de los Hechos. Una lectura casual de Hechos 2:42 sugiere que la Iglesia tenía cuatro prioridades: las enseñanzas de los apóstoles, la comunión, el partir el pan (la Cena del Señor) y la oración. Sin embargo, un examen más detenido revela que el enfoque pudo haber estado en sólo tres actividades: la enseñanza, el compañerismo a través de la partición del pan y la oración. (En griego, "la comunión" y "el partir del pan" son actividades simultáneas.)[23] Fue la posición de F. F. Bruce que la comunión descrita en Hechos 2:42 se manifestó en la partición del pan.[24] La Cena del Señor a menudo se ha asociado con la frase «partir el pan», que aparece en todo el libro de los Hechos. Por ejemplo, Bruce argumentaba que «partir el pan» denota «algo más que la ordinaria participación de la comida juntos: la observancia regular de la Cena del Señor está indudablemente indicada... esta observancia parece haber formado parte de una comida ordinaria.»[25] Si esta conclusión es correcta, la iglesia primitiva disfrutó de la Cena del Señor como un tiempo de comunión y alegría, como habría sido el caso en un banquete de bodas: «De casa en casa partían el pan y compartían la comida con alegría y generosidad, alabando a Dios y disfrutando

---

[23] En muchas versiones en inglés "y" se coloca entre "enseñanza" y "comunión", y luego nuevamente entre "pan" y "oración", pero no entre "comunión" y "pan" (Hechos 2:42). La razón es, que en algunos manuscritos griegos las palabras "comunión" y "partir el pan" están conectadas como actividades simultáneas (no *kai* entre comunión y partir el pan).

[24] F. F. Bruce, "The Book of Acts", *New International Commentary on the New Testament* (Grand Rapids: Eerdmans, 1981), 79.

[25] Ibid., 79.

de la estimación general del pueblo» (Hechos 2:46-47).[26] La Cena del Señor se caracterizada como un tiempo de comunión. Suena atractivo, ¿verdad?

Muchas iglesias observan la Cena del Señor en un ambiente fúnebre. Un órgano o teclado toca música reflexiva suavemente. Toda cabeza se inclina y todos los ojos se cierran mientras los miembros de la congregación revisan silenciosamente sus almas en busca de pecados que necesitan ser confesados. En una disposición que recuerda misteriosamente a un ataúd, los elementos se colocan sobre una estrecha mesa rectangular cubierta con un paño blanco en la parte delantera de la iglesia. Los diáconos pálidos como portadores de un ataúd distribuyen solemnemente los elementos. El teólogo holandés Karl Deddens señaló: «Bajo la influencia del pietismo y el misticismo se despertó en ellos una sensación de 'indignidad' y se volvieron temerosos de estar 'comiendo y bebiendo juicio para sí mismos'. En cuanto a los que todavía tuvieron el valor de ir a la mesa del Señor, sus rostros sugieren que se está celebrando un funeral más que una celebración».[27] ¿Está este sombrío acercamiento a la Cena de acuerdo con la tradición de los apóstoles?

Fue la *manera* indigna, no la *gente* indigna, lo que Pablo criticó (1 Cor. 11:27). Él se refería a la embriaguez en la mesa del Señor, al desaparecerse para evitar comer con los pobres y al humillar a los que se van a casa hambrientos. Esta incapacidad de los ricos para reconocer el cuerpo del Señor en sus hermanos más pobres resultó en un juicio divino. Muchos de ellos estaban enfermos y algunos incluso habían muerto (1 Cor. 11:27-32). En efecto, cada uno debe examinarse a sí mismo para asegurarse de que no es culpable del mismo pecado grave: no reconocer el cuerpo del Señor en los demás creyentes (1 Cor. 11:28-29). Una vez que cada uno se ha evaluado a sí mismo, podemos

---

[26] Santa Biblia, NUEVA VERSIÓN INTERNACIONAL® NVI® © 1999, 2015 por Biblica, Inc.®, Inc.® Usado con permiso de Biblica, Inc.®

[27] Karl Deddens, *Where Everything Points to Him*, trans. Theodore Plantinga (Neerlandia, AB: Inheritance Publications, 1993), 93.

venir a la mesa sin temor al juicio para disfrutar de la comunión de la Cena del Señor, como el verdadero banquete de bodas que está destinado a ser.

Todos deseamos relaciones eclesiales que sean genuinas y significativas: no sólo una iglesia amistosa, sino una en donde estén nuestros amigos. La Cena del Señor puede ayudar a hacer esto una realidad. Un hombre de mediana edad, nuevo en Cristo y en la iglesia, asistió a una serie de servicios dominicales tradicionales. Finalmente, preguntó: «Veo que la gente se saluda justo antes del servicio. Tan pronto como termina se despiden y se dirigen rápidamente a casa. Así no voy a llegar a conocer a nadie. ¿Cuál es el equivalente cristiano al bar del barrio?»[28] Celebrar la Cena del Señor semanalmente como una comida relajada de comunión es la respuesta bíblica a su pregunta.

La Santa Cena debe celebrarse a menudo para maximizar el aspecto de la comunión. Para los primeros creyentes, la participación en la Cena del Señor fue una de las razones principales por las que se reunían como iglesia cada día del Señor. La *Enciclopedia Británica* ha descrito la Cena del Señor como «el rito central de la adoración cristiana» y «un componente indispensable del servicio cristiano desde los primeros días de la iglesia».[29]

La primera evidencia de la comunión semanal es gramatical. Para los cristianos, el domingo es el «día del Señor» (Ap. 1:10), el día en que Jesús resucitó de entre los muertos. Esta es una traducción de *kuriakon hemeran*, un texto griego técnicamente único. Es literalmente «el día que pertenece al Señor.» La frase «pertenecer al Señor» proviene de *kuriakos*, que se encuentra en el Nuevo Testamento sólo en Apocalipsis 1:10 y en 1 Corintios 11:20, donde se refiere a la Cena como «perteneciente al Señor» (*kuriakon deipnon*). No se debe pasar por alto la conexión entre estas dos formas inusuales pero idénticas en las que

---

[28] Conversación con el autor a mediados de 1980. Nota del traductor: el bar del barrio en algunas culturas suele ser el lugar dónde se forman las buenas amistades.

[29] Pelikan, "Eucharist", 807.

se usan estas palabras. La *cena* que pertenecía al Señor se comía cada semana en el *día* que pertenecía al Señor. El Día del Señor y la Cena del Señor son un paquete inseparable semanal.[30]

Más evidencia para la celebración semanal de la Cena del Señor se encuentra en la única razón clara dada en las Escrituras para las reuniones regulares de la iglesia: comer la Cena del Señor. En Hechos 20:7, Lucas declaró: «El primer día de la semana nos reunimos para partir el pan.»[31] Las palabras «para partir el pan» en Hechos 20:7 se conocen como infinitivo télico que denota un propósito u objetivo. Se reunieron con el objetivo de partir el pan.

Otro pasaje del Nuevo Testamento en el que se declara el propósito de una reunión de la iglesia es 1 Corintios 11:17-22. Las «reuniones» (11:17) estaban haciendo más mal que bien, porque cuando se reunían «como iglesia» (11:18a) había profundas divisiones. Así, Pablo escribió: «…cuando se reúnen, ya no es para comer la Cena del Señor» (11:20).[31] Así, la razón aparente para las reuniones semanales de la iglesia era comer la Cena del Señor.

La tercera y última referencia a la razón explícitamente declarada para la reunión se encuentra en 1 Corintios 11:33, «…cuando se reúnan para comer, espérense unos a otros»[31] (énfasis añadido). Como antes, el versículo indica que se reunieron para comer. Las Escrituras no dan otra razón para las reuniones semanales de la iglesia. Está claro que había tiempos para adorar y enseñar cada domingo; sin embargo, el enfoque era la comunión.

Algunas primeras fuentes no bíblicas como la *Primera Apología* de Justino Mártir, escrita a mediados del siglo II, también indican que la iglesia originalmente celebraba la Cena del Señor semanalmente. Otro ejemplo es el *Didache*. Alrededor del año 200 d.C., Hipólito escribió acerca de un servicio de adoración típico en Roma que incluía la Cena del Señor.

---

[30] Eric Svendsen, *The Table of the Lord* (Atlanta: NTRF, 1997), 140.
[31] Santa Biblia, NUEVA VERSIÓN INTERNACIONAL® NVI® © 1999, 2015 por Biblica, Inc.®, Inc.® Usado con permiso de Biblica, Inc.®

Se ha dicho que las iglesias protestantes reemplazaron el altar con el púlpito. Sin embargo, Juan Calvino abogó por la comunión semanal.[32] Karl Deddens escribió: «Si la Cena del Señor se celebrara más a menudo, no deberíamos ver tal cambio como una acomodación a los 'sacramentalistas', que desean poner menos énfasis en el servicio de la Palabra; más bien, deberíamos verlo como una ejecución del mandato de Cristo...»[33] El compañerismo y el aliento del que goza cada miembro en esa reunión semanal es significativo. Este aspecto del encuentro dominical de la iglesia no debe apresurarse ni sustituirse. También es importante que se dedique a la oración y a las enseñanzas de los apóstoles (Hechos 2:42); sin embargo, esto no debe hacerse a expensas de la Cena del Señor semanal. La celebración semanal de la Santa Cena añade una dinámica sin precedentes a las reuniones de la iglesia.

Propósito #2: Unidad Sobrenatural

La celebración de la Cena del Señor cada semana como una cena de comunión contribuye significativamente a la unidad. También es importante la presentación visual de los elementos. Las Escrituras se refieren a *la* copa de acción de gracias (una sola copa, 1 Cor. 10:16) y a *un molde* de pan: «Hay un solo pan del cual todos participamos; por eso, aunque somos muchos, formamos un solo cuerpo» (1 Cor. 10:17).[34] Si usar una copa y un molde de pan simboliza nuestra unidad en Cristo, entonces usar galletas partidas previamente en pedacitos y múltiples copas diminutas representa desunión, división e individualismo.

El único pan simboliza nuestra unidad en Cristo, y de acuerdo con 1 Corintios 10:17, participar de él realmente *crea* unidad. Cabe señalar el texto inspirado de la Palabra: «Porque» hay un solo (molde de)

---

[32] David Koyzis, "The Lord's Supper: How Often?", ReformedWorship.org, consultado en septiembre 1 de 2016.

[33] Deddens, "Everything Points", 93.

[34] Santa Biblia, NUEVA VERSIÓN INTERNACIONAL® NVI® © 1999, 2015 por Biblica, Inc.®, Inc.® Usado con permiso de Biblica, Inc.®.

pan, por lo tanto, somos un solo cuerpo, «porque» todos participamos de un solo (molde de) pan (1 Cor. 10:17). Un erudito argumentó que la «intención» de la Cena del Señor fue «como medio para fomentar la unidad de la iglesia...»[35] El profesor Gerd Theissen dijo: «Debido a que todos han comido porciones del mismo elemento, se han convertido en una unidad en la que se han acercado tanto los unos a los otros como miembros del mismo cuerpo, como si se hubieran trascendido los límites corporales entre las personas».[36] En su comentario sobre los Corintios, Archibald Robertson y Alfred Plummer concluyen: «El único pan es un símbolo y un instrumento de unidad»[37] Gordon Fee escribió acerca de la «solidaridad de la hermandad de los creyentes creada al compartir todos 'el único pan.'»[38]

Algunos en Corinto eran culpables de participar de la Cena del Señor indignamente (1 Cor. 11:27). Las vergonzosas divisiones de clase destruían el corazón de la unidad que la Cena del Señor está diseñada para simbolizar. ¿Cuál fue la solución de Pablo a las reuniones dañinas? «Así que, hermanos míos, cuando se reúnan para comer, espérense unos a otros» (1 Cor. 11:33).[34] Una razón parcial de la falta de unidad de los Corintios fue su fracaso en comer *juntos* la Cena del Señor como una comida centrada alrededor de una copa y un pan.

Jesús oró «para que ellos sean uno, así como nosotros somos uno» (Jn. 17:11). En la Cena del Señor expresamos nuestra unidad en Cristo. La Cena del Señor es una práctica fundamental que refleja la imagen eterna de la iglesia y del cristianismo: «Hay un solo cuerpo y un solo Espíritu, así como también [ustedes] fueron llamados a una sola esperanza; un solo Señor, una sola fe, un solo bautismo; un solo Dios y Padre de todos, que está sobre todos y por medio de todos y

---

[35] Pelikan, "Eucharist", 807.

[36] Gerd Theissen, *The Social Setting of Pauline Christianity: Essays on Corinth* (Eugene, OR: Wipf & Stock Publishers, 1982), 165.

[37] Archibald Robertson and Alfred Plummer, "1 Corinthians", *The International Critical Commentary on the Holy Scriptures of the Old and New Testaments* (New York: Charles Scribner's Sons, 1911), 213.

[38] Fee, "Corinthians", 515.

en todos» (Ef. 4:4-6).[39] Nuestra unidad en Cristo es un testimonio poderoso. Jesús oró para que «seamos todos uno... para que el mundo crea que tú me has enviado» (Jn. 17:21).

Propósito #3: El Regreso de Jesus

En el pacto que Dios hizo con Noé, Él prometió nunca más destruir la tierra por medio de un diluvio. Dios declaró: «Cada vez que aparezca el arco iris entre las nubes, *yo* lo veré y *me acordaré* del pacto que establecí para siempre con todos los seres vivientes que hay sobre la tierra» (Gen. 9:16; énfasis añadido).[39] Wayne Grudem señaló que la Biblia «con frecuencia habla de Dios 'recordando' algo y por lo tanto no creo que sea inapropiado o inconsistente que hablemos de esta manera cuando queremos referirnos a la conciencia de Dios de eventos que han sucedido en nuestro pasado, eventos que él reconoce como que ya han ocurrido y por lo tanto como 'pasados'».[40] Es bíblico decir que Dios recuerda las promesas del pacto.

En Su pacto con Abraham, Dios prometió sacar a los israelitas de la esclavitud egipcia. Por eso, en el momento señalado, «[Dios], quién al oír sus quejas se *acordó* del pacto que había hecho con Abraham, Isaac y Jacob» (Ex. 2:24; énfasis añadido).[39] Durante el cautiverio babilónico, Dios hizo una promesa a los judíos: «... yo sí me *acordaré* de la alianza que hice contigo...» (el pacto del Sinaí, Ez. 16:60; énfasis añadido).[39] Dios recuerda las promesas del pacto.

En la Cena del Señor, el fruto de la vid representa la «sangre del pacto» (Mt. 26:28) y el pan simboliza el cuerpo de Jesús. Jesús dijo que compartamos el pan «en memoria de mí» (Luc. 22:19). El pan y el vino son recordatorios de Su cuerpo y sangre entregados por nosotros. La palabra griega para «memoria», *anamnesis*, significa «recordatorio».

---

[39] Santa Biblia, NUEVA VERSIÓN INTERNACIONAL® NVI® © 1999, 2015 por Biblica, Inc.®, Inc.® Usado con permiso de Biblica, Inc.®

[40] Wayne Grudem, "The Nature of Divine Eternity, A Response to William Craig", Wayne Grudem. com, accedido en Septiembre 03 de 2016.

Un recordatorio puede ser un aviso sobre una ocurrencia anterior o futura. Traducir *ananmesis* como «memoria» conduce al enfoque exclusivo en el sacrificio pasado de Jesús en la cruz. Sin embargo, si *anamnesis* se traduce como «recordatorio», podría entenderse que se refiere tanto al pasado (la muerte de Jesús en la cruz) como al futuro (la promesa de Jesús de regresar).

Como ya hemos visto, Dios recuerda las promesas del pacto. Otra función muy importante de la Cena del Señor es como un recordatorio a Jesús mismo de Su promesa del nuevo pacto de regresar.[41] Jesús dijo: «Hagan esto para mi recordatorio.» La palabra «mi» en «mi recordatorio» es una traducción del griego *emou*. Más que un simple pronombre personal es un pronombre posesivo. Esto sugiere que el recordatorio no es simplemente acerca de Jesús; en realidad le pertenece a Jesús. Es Su recordatorio. El teólogo Joaquín Jeremías entendió que Jesús usa *anamnesis* en el sentido de un recordatorio para Dios: «La Cena del Señor sería así una oración promulgada.»[42] Así como ver el arco iris le recuerda a Dios su pacto de no inundar el mundo de nuevo, así también Jesús al vernos participar de la Cena del Señor recuerda su promesa de regresar a comerla con nosotros. Por lo tanto, está diseñada para ser una oración pidiendo a Jesús que regrese («Venga tu reino,» Luc. 11:2). Dios recuerda las promesas del pacto.

En resumen, cuando compartimos el pan y el vino, recordamos el cuerpo y la sangre de Jesús que fueron dados para la remisión del pecado. Junto con Jesús, debemos recordar su promesa de regresar y volver a comerla con nosotros. La celebración de la Cena del Señor es una oración promulgada que le recuerda a Jesús regresar. Este recordatorio semanal de la inminencia del regreso de nuestro Señor puede ser una motivación para una vida santa: «Sabemos, sin embargo, que cuando Cristo venga seremos semejantes a él, porque lo veremos tal

---

[41] Las declaraciones sobre el recordatorio de Dios o el ser recordado de algo, son, por supuesto, antropomórficas. Un Dios omnisciente no olvida ni necesita que se le recuerde algo.

[42] K.H. Bartels, "Remember", *New International Dictionary of New Testament Theology*, Vol. III, ed. Colin Brown (Grand Rapids: Zondervan, 1981), 244–245.

como él es. Todo el que tiene esta esperanza en Cristo, se purifica a sí mismo, así como él es puro» (1. Jn. 3:2-3).[43] *¡Maranatha!*

Proposición

Como se demostró anteriormente, existe un acuerdo general en los círculos académicos de que la iglesia primitiva celebraba la Cena del Señor como una comida genuina. Sin embargo, la iglesia post apostólica le ha dado poco uso a esta práctica. Williston Walker, un respetado profesor de historia de la iglesia en Yale, declaró: «Para cuando Justino Mártir escribió su *Apología* en Roma (153) la comida común había desaparecido y la Cena fue vinculada a la reunión de predicación, como un sacramento final.»[44]

A través de la historia la iglesia a veces se ha desviado de los patrones del Nuevo Testamento. Por ejemplo, durante más de un milenio, el bautismo como parte del credo era esencialmente desconocido en la cristiandad. Sin embargo, desde la Reforma esta tradición apostólica largamente descuidada ha sido ampliamente practicada. Otro ejemplo es la separación de la iglesia y el estado, un ejemplo del Nuevo Testamento que fue ignorado durante el largo período en Europa cuando la iglesia y el estado se fusionaron. Hoy, sin embargo, la mayoría de los creyentes aprecian esta separación. La iglesia de hoy podría estar perdiendo una gran bendición en su descuido de la práctica de la iglesia primitiva con respecto a la Cena del Señor. Dado que celebrar la Cena del Señor semanalmente como una comida completa era la práctica de la iglesia primitiva, ¿no deberíamos seguir este ejemplo?

Prescripción

Para muchos líderes de la iglesia el ejemplo del Nuevo Testamento

---

[43] Santa Biblia, NUEVA VERSIÓN INTERNACIONAL® NVI® © 1999, 2015 por Biblica, Inc.®, Inc.® Usado con permiso de Biblica, Inc.®

[44] Williston Walker, *A History of the Christian Church* (New York: Charles Scribner's Sons, 1970), 38.

de la Cena del Señor como una cena semanal de comunión es un valioso recuerdo histórico que ellos no sienten tener la obligación de seguir. Sin embargo, la Escritura indica que las prácticas de la iglesia primitiva deben servir como algo más que un registro académico histórico. Por ejemplo, 1 Corintios 11-14 se refiere a las prácticas de la iglesia. El pasaje comienza con la alabanza a la iglesia corintia por haber seguido las tradiciones de Pablo: «Los elogio porque se acuerdan de mí en todo y retienen las enseñanzas (tradiciones), tal como se las transmití» (11:2).[43] *Paradosis,* la palabra griega para tradición (enseñanza), significa «aquello que se transmite».[45] Esta misma palabra griega se usa como forma verbal en 1 Corintios 11:23 con respecto a la práctica de la Cena del Señor (de que fue transmitida por Jesús a Pablo y luego a los Corintios). ¿Realmente queremos hacer caso omiso de una tradición que fue transmitida por Jesús mismo? Se trata de una práctica encomiable.

A menudo se piensa erróneamente que no hay mandamientos para seguir la tradición. Sin embargo, 2 Tesalonicenses 2:15 ordena específicamente: «...sigan firmes y no se olviden de las tradiciones...»[46/47] Por lo tanto, debemos adherirnos no sólo a las *enseñanzas* apostólicas, sino también a las *tradiciones* apostólicas.[48] El contexto de 2 Tesalonicenses 2:15 es la tradición de los apóstoles acerca de los tiempos finales. La palabra «tradiciones» (2:15) es plural. El autor incluía otras tradiciones además de las de la segunda venida. ¿No debería aplicarse también a sus tradiciones con respecto al orden en la iglesia, como se indica en el Nuevo Testamento?[49]

La Cena del Señor era el propósito principal por el cual la iglesia

---

[45] Rienecker, *Linguistic,* 423.

[46] Dios habla hoy ®, © Sociedades Bíblicas Unidas, 1966, 1970, 1979, 1983, 1996.

[47] Modo imperativo en griego.

[48] Las tradiciones apostólicas registradas en el Nuevo Testamento deben diferenciarse de las tradiciones católicas y ortodoxas posteriores.

[49] Una actitud similar hacia la tradición se expresa en 2 Tesalonicenses 3:6-7a. La tradición aquí se refiere a la práctica y no sólo a la doctrina. Los apóstoles claramente querían que las iglesias siguieran sus tradiciones, tanto las teológicas como las prácticas. ¿Deberíamos limitar esas tradiciones apostólicas que seguimos solo a la escatología y a los hábitos de trabajo?

primitiva se reunía cada día del Señor. Se celebraba como una fiesta en un ambiente de boda alegre en lugar de un ambiente funerario sombrío. Un beneficio importante de la Cena como comida es el compañerismo y el aliento que cada miembro experimenta. Tomada como comida, la Cena representa la cena nupcial del Cordero y mira hacia el futuro. Debe haber una copa y un molde de pan para simbolizar y crear unidad en un cuerpo de creyentes. El pan y el vino representan el cuerpo y la sangre de Jesús. También sirven como recordatorios de Su promesa de regresar a comerla con nosotros. (Amén. ¡Ven rápido, Señor Jesús!)

Práctica

Los Elementos: Una copa y un pan, símbolo de nuestra unidad en Cristo, deben ser visibles para la congregación. Galletas en pedacitos y copas diminutas vertidas de antemano representan la división y el individualismo. Toda la congregación debe participar de la misma copa y del mismo pan. Los anglicanos han hecho esto durante siglos sin ningún daño evidente a su salud.[50] Otra opción es verter el vino desde una gran jarra (visible para todos) en copas más pequeñas, o hacer que cada persona sumerja su pan en la copa común.

El Comienzo: Los plantadores de iglesias pueden fácilmente hacer de la celebración semanal de la Santa Cena una parte integral de las reuniones dominicales desde el inicio de una iglesia. Las iglesias existentes podrían considerar introducir gradualmente la Cena del Señor como una comida. Un enfoque podría ser que la comida inicialmente sea opcional. Los elementos podrían servirse como de costumbre, seguidos de una comida en el salón de la comunidad para los que deseen participar. Se debe dar tiempo a los miembros de la congregación para que se entusiasmen y se lo comenten a los demás.

---

[50] El alcohol en el vino mata los gérmenes.

Además, a menos que estén persuadidos de la base bíblica para la celebración semanal de la Cena del Señor como una cena de comunión, habrá resistencia a tomarse la molestia de preparar comida para compartir. Es importante que todos entiendan la naturaleza sagrada de la comida. No es un almuerzo inconveniente. Es una cena sagrada del pacto ante el Señor y con Sus hijos.

Cenas del miércoles por la noche: Muchas iglesias ofrecen comidas de comunión los miércoles por la noche. La introducción de la Cena del Señor como comida junto con la cena de los miércoles por la noche es una opción creativa, pero debería ser sólo un paso de transición. Dos mil años de cristianismo occidental han arraigado con razón en los creyentes la idea de que lo que sucede los domingos es lo que realmente importa. La Cena del Señor, el *Ágape*, fue la razón principal por la que la iglesia primitiva se reunía cada día del Señor. Por lo tanto, el objetivo debe ser celebrarlo los domingos para que tenga el mismo protagonismo que los apóstoles le concedieron. La gracia hacia la unidad viene cuando toda la congregación, no sólo la minoría que asiste el miércoles por la noche, participa de la copa y el pan. Toda la congregación necesita experimentar la comunión semanal de los *Ágape*.

Integración: El pan y el vino se dieron en el contexto de una cena. Para evitar la impresión de que la Cena del Señor es la copa y el pan, y que todo lo demás es meramente una comida, se debe tener cuidado de no separar los elementos de la comida. La comida debe estar lista antes de presentar los elementos, para que la comida se pueda comer inmediatamente después. Un enfoque es llamar la atención sobre la importancia de los elementos y guiar en oración. Entonces, el jefe de cada hogar debe presentarse para llevar los elementos de vuelta a su familia. Después de participar de los elementos, cada familia podría entonces pasar inmediatamente por la línea de servicio de alimentos para comenzar con el aspecto de banquete de la Santa Cena. Se trata de una cuestión de libertad; por lo que se pueden hacer adaptaciones a las necesidades propias de cada Iglesia.

Levadura: ¿Debe el pan ser sin levadura? Durante la Pascua los judíos comieron pan sin levadura para simbolizar la velocidad con la que Dios los sacó de Egipto. Sin duda Jesús usó pan sin levadura durante la Última Cena. Sin embargo, el Nuevo Testamento guarda silencio sobre el uso del pan sin levadura en las iglesias gentiles. En el Nuevo Testamento la levadura se asocia a veces con el mal (1 Cor. 5:6-8). También se utiliza para representar el reino de Dios (Mt. 13:33). El verdadero simbolismo es el pan mismo, fermentado o sin levadura, como el cuerpo de Jesús.

¿Debería el fruto de la vid ser alcohólico? Está claro en 1 Corintios 11 que el vino se usó en la Cena del Señor. Algunos se emborracharon. Sin embargo, no se da ninguna razón teológica clara en el Nuevo Testamento para que sea alcohólico (considere Gén. 27:28, Isa. 25:6-9 y Ro. 14:21). Jesús lo llamó simplemente el fruto de la vid. La lección principal es que el vino tinto parece sangre. Al igual que ocurre con el pan fermentado o sin fermentar, el uso del vino o del zumo de uva parece una cuestión de libertad. Así, cada iglesia local puede tomar decisiones de manera espiritualmente sensible hacia unos y otros.[51]

No creyentes: La mayoría de las iglesias restringen el acceso a los elementos. Por ejemplo, la *Baptist Faith and Message* del año 2000 consideraba el bautismo como requisito previo para disfrutar de los privilegios de la Cena del Señor. Sin embargo, la celebración de la Cena del Señor como comida podría cambiar la perspectiva sobre la presencia de los incrédulos. Que el pan y el vino son sólo para los creyentes debe ser anunciado. La Cena del Señor como una comida real

---

[51] Nota del traductor: se debe ser especialmente sensible a las necesidades de personas que no pueden tomar alcohol por razones de salud, adicciones o edad.

tiene significado espiritual sólo para los creyentes. Para los no creyentes no es más que otra comida. Como es el caso de los creyentes, los adultos incrédulos y los niños que son demasiado jóvenes para creer también experimentan hambre. Se les puede invitar a disfrutar de la comida. ¡Podemos amarlos atrayéndolos hacia el Señor! El peligro de tomar la Cena del Señor de una «manera indigna» se aplica sólo a los creyentes (1 Cor. 11:27-32).

¿A dónde se fue? La investigación de Greg Mamula le llevó a concluir que la transición de la comida completa hacia el ritual simbólico fue gradual, ocurriendo desde mediados del siglo II en algunos lugares hasta mediados del siglo III en otros: «La clave de la transición estaba relacionada con el tamaño de la congregación. Las más grandes lo hicieron antes. Necesitaban una manera más eficiente de reunir a la gente y distribuir los símbolos más significativos de la comida.... Las congregaciones más pequeñas continuaron usando comidas hasta mediados del siglo III, cuando la práctica estándar se convirtió en la Eucaristía más reconocible, oficiada por líderes clave como los obispos y sus líderes aprobados.... Los investigadores tienen dificultades para entender con precisión por qué se produjo esta transición. Para el siglo IV, está claro que la tradición de las comidas completas en los hogares había desaparecido. El rito eucarístico dentro de una basílica u otra iglesia grande se convirtió en la nueva norma».[52]

En su papel de obispo, Eusebio consagró un edificio eclesiástico en Tiro. En la dedicación habló del altar santísimo como el centro del edificio. El Sínodo de Laodicea prohibió más tarde la celebración de la Cena del Señor en casas particulares (a finales del año 300). Peter Davids y Siegfried Grossman hicieron este comentario: «Una vez que tienes un altar con 'alimentos sagrados' mezclarlo con los alimentos comunes de una comida comunal parece profano. Así, el enfoque en

---

[52] Greg Mamula, "Early Christian Table Fellowship Becomes Eucharistic Rite", artículo no publicado, 2015, 16–18.

la mesa como altar lleva a la prohibición de celebrar la Cena del Señor en las casas. La ironía es que en el tabernáculo y en el templo el acto central de la adoración era una comida familiar en presencia de la deidad, el templo era en parte matadero y en parte asadero, además de ser el lugar donde se quemaba grasa animal y se ofrecía incienso.»[53]

Logística: Sandra Atkerson aportó las siguientes ideas prácticas sobre la logística: «Pida a cada familia que prepare comida en casa y la traiga para compartir con los demás. Muchas iglesias han tenido gran éxito con el método en que cada persona o familia aporta un plato para la comida. La Cena del Señor es una fiesta de comida buena y abundante con una comunión centrada en torno a Cristo, una imagen del banquete de bodas del Cordero. Es un tiempo para dar y compartir libremente con nuestros hermanos y hermanas en Cristo. En cuanto a cuánto traer, si usted tuviera una familia más para cenar con su familia, ¿cuánto más de un plato prepararía? Si la reunión de iglesia fuera cancelada por alguna razón, ¿podría usted satisfacer a su propia familia con lo que usted preparó para llevar a la Cena del Señor? Anime a cada familia a traer un plato principal y un plato de acompañamiento. Los postres deben considerarse opcionales y ser traídos como un tercer plato, pero nunca como el único plato de una familia. Cada familia debe traer por lo menos suficiente comida para alimentarse ellos mismos y tener de sobra para compartir con los demás. Los solteros, especialmente los que no se inclinan a cocinar, podrían traer bebidas, cacahuetes, postre, papas fritas y salsas, o una comida ya hecha como ensalada de papas o pollo asado. La congregación debe ver esto como un gasto de dar, un ministerio, una ofrenda al Señor.

La confusión se minimiza en el momento de servir si su plato está listo cuando llegue. Cocínelo antes de venir. Considere la posibilidad de invertir en un transportador portable térmico de calor/frío como p.ej. de Pyrex, que mantenga sus alimentos en la temperatura en la

---

[53] Peter Davids and Siegfried Grossmann, "The Church in the House", artículo, 1982.

que fueron preparados. Las estufas eléctricas se pueden enchufar para mantener los platos calientes. Otros podrían traer ollas de barro. El horno se puede calentar y los platos se almacenan allí. Las mantas de lana o las toallas de playa funcionan bien para el aislamiento frío/calor durante el transporte. Las neveras portables son ideales en los meses de verano para enfriar los platos fríos.

El punto principal a recordar para la seguridad de los alimentos es mantener los alimentos calientes a 150°F/65°C grados y los alimentos fríos a 40°F/4°C grados. Una vez que el alimento esté listo para servir, no debe estar afuera más de 2 a 3 horas antes de refrigerarlo. Deseche cualquier alimento que haya estado fuera durante más de cuatro horas.

Los padres deben considerar ayudar a sus hijos a preparar sus platos. Los más pequeños a menudo tienen ojos más grandes que sus estómagos y se puede desperdiciar mucha comida. Muchas iglesias prefieren comprar vasos más pequeños de 350 ml/12 onzas. La mayoría de la gente tiende a llenar sus vasos completamente, a menudo no bebiendo todo. Las tazas más pequeñas producen menos desperdicio. Es mejor volver a llenar el vaso que tirar la bebida sobrante.

Una palabra sobre la higiene podría ser apropiada: ¡nunca puede haber demasiado lavado de manos entre amigos! Sea sensible a los gérmenes. Todas las personas que pasan por la línea de servicio deben lavarse las manos antes de tocar los utensilios de servicio. Ponga un dispensador con desinfectante de manos justo al lado de los platos al principio de la línea. Para ayudar con la limpieza, considere el uso de platos de papel y vasos y tenedores de plástico.»[54/55]

NTRF.org tiene audio, video y una guía de discusión para el maestro sobre la comunión como originalmente fue establecida por Jesús.

---

[54] Sandra Atkerson, "Hints for Hosting the Lord's Supper", NTRF.org. Accedido en marzo 31 de 2015.

[55] Nota del traductor: Para evitar crear demasiada basura que daña el medio ambiente, se pueden usar también los nuevos platos y cubiertos reciclables biológicos.

Estrategia #4

Estrategia de Toma de Decisiones para Liderar como Jesús

¿Por qué dijo Jesús que los líderes de la iglesia tienen la misma autoridad que los niños y los esclavos (los cuales tienen menos autoridad)? Él llevó esta verdad a casa lavando los pies de los discípulos. Jesús incluso prometió: «Si sabes estas cosas, bendito eres si las haces.» *¿Qué nos dice esto sobre el estilo de gestión de un pastor y sobre la toma de decisiones en la iglesia?*

Beneficios

Un componente importante de la estrategia de liderazgo de Jesús era, que los pastores sirvieran a la iglesia tomándose el tiempo para construir un consenso congregacional. Es más probable que se encuentre la mente de Cristo cuando los líderes guían a toda la congregación a lidiar corporalmente con las decisiones importantes. Los miembros de la iglesia son motivados cuando se dan cuenta de que las sugerencias de cada uno son respetuosamente sopesadas de acuerdo con las Escrituras. Se fortalece la unidad y la iglesia puede ser guiada más fácilmente por el Espíritu Santo. En este proceso el papel del liderazgo incluye ayudar a construir consenso enseñando lo que dice la Escritura sobre un asunto, teniendo conversaciones privadas con los miembros de la iglesia acerca de las decisiones, apelando a los que discrepan y, después de mucha persuasión, llamando a cualquier minoría disidente a ceder ante el liderazgo y el resto de la congregación. Adoptar el ejemplo de Jesús puede hacer que el proceso de toma de decisiones de la iglesia sea tanto unificador como edificante para toda la congregación.

Prueba #1—La Autoridad de los Pastores: Como Niños y Esclavos

Al contrastar la autoridad de los líderes políticos seculares con la de los líderes de la iglesia, Jesús dijo: «Los reyes de las naciones oprimen a sus súbditos, y los que ejercen autoridad sobre ellos se llaman a sí mismos benefactores. No sea así entre ustedes. Al contrario, el mayor debe comportarse como el menor, y el que manda como el que sirve» (Luc. 22:25-26).[1] Pensemos en esto por un minuto. ¿Cuánta autoridad tiene la persona más joven de una familia? ¿Cuánta autoridad tiene un sirviente de la casa sobre su empleador? Aunque es cierto que Jesús era un maestro de la hipérbole, hay una verdad subyacente que no debe pasarse por alto. Los pastores han de ser líderes sirvientes. Su actitud debe ser la de humildad en el liderazgo: no la autoridad real que domina sobre los demás. Los pastores deben liderar con el corazón de un siervo. En armonía con las palabras de Jesús, Pedro instruyó a los ancianos a que «cuiden como pastores el rebaño de Dios que está a su cargo... No sean tiranos con los que están a su cuidado,

---

[1] Santa Biblia, NUEVA VERSIÓN INTERNACIONAL® NVI® © 1999, 2015 por Biblica, Inc.®, Inc.® Usado con permiso de Biblica, Inc.®

sino sean ejemplos para el rebaño» (1 Ped. 5:1-2).[2]

Jesús se ofreció como un ejemplo para los líderes de la iglesia a seguir: «Porque, ¿quién es más importante, el que está a la mesa o el que sirve? ¿No lo es el que está sentado a la mesa? Sin embargo, yo estoy entre ustedes como uno que sirve» (Luc. 22:27).[3] En otra ocasión, Jesús lavó los pies de los discípulos para dejar claro, que cualquiera que quiera ser un líder de la iglesia primero debe aprender a ser el sirviente de todos. Dijo: «¿Entienden lo que he hecho con ustedes? Ustedes me llaman Maestro y Señor, y dicen bien, porque lo soy. Pues, si yo, el Señor y el Maestro, les he lavado los pies, también ustedes deben lavarse los pies los unos a los otros. Les he puesto el ejemplo, para hagan lo mismo que yo he hecho con ustedes. Ciertamente les aseguro que ningún siervo es más que su amo, y ningún mensajero es más que el que lo envió. ¿Entienden esto? Dichosos serán si lo ponen en práctica» (Jn. 13:12-17).[3] ¿Queremos recibir la bendición de Dios como líderes de la iglesia? Entonces debemos vivir lo que Jesús modeló y ejercer nuestra autoridad con el corazón de un siervo.

Prueba #2—El Liderazgo de los Ancianos bien entendido

Debido a que la Escritura menciona a los ancianos que «gobiernen bien» (1. Tim. 5:17), es obvio que Dios tenía la intención de que los pastores sirvieran como administradores. La palabra subyacente para «gobernar» significa literalmente «estar delante de», es decir, dirigir o administrar a otros. Un significado secundario es: estar por delante, en el sentido de cuidar o ayudar a los demás como lo haría una enfermera o un médico de cabecera.[4] Combinar estas dos definiciones ayuda a enmarcar el estilo de gestión que deben emplear los pastores.

¿Cómo se puede esperar que gobierne alguien que sólo tiene la

---

[2] El Nuevo Testamento usa las palabras: pastor, anciano y supervisor (u obispo) de manera intercambiable sin ningún nivel jerárquico (Hechos 20:17, 28, Tito 1:5–7, 1 Ped. 5:1–3). Son términos sinónimos.

[3] Santa Biblia, NUEVA VERSIÓN INTERNACIONAL® NVI® © 1999, 2015 por Biblica, Inc.®, Inc.® Usado con permiso de Biblica, Inc.®

[4] *Proistémi*, Bauer, *Lexicon*, 707.

autoridad de un niño o un esclavo? Hebreos 13:17 instruye a los creyentes a obedecer a los líderes de la iglesia.[5] La palabra griega común para «obedecer» (*hupakouo*) se utilizaba para referirse a situaciones tales como los niños obedeciendo a sus padres y los esclavos a sus amos (Ef. 6:1, 5). Sin embargo, la palabra común para «obedecer» no se encuentra en 13:17. En cambio, se usa *peitho*, que significa fundamentalmente persuadir o convencer.[6] En la mitología griega, «Peitho» era el nombre de una diosa, una consorte de Afrodita, que personificaba la persuasión.[7] Consistente con la raíz de este significado, la traducción interlineal de McReynolds de *peitho* en 13:17 es «persuadir».[8] Un expositor fue un paso más allá y afirmó que con *peitho*, «la obediencia sugerida no es por sumisión a la autoridad, sino el resultado de la persuasión.»[9] El comentario de Lenski sobre este texto fue que aquellos que se dejan convencer por alguien obedecerían a esa persona.[10] En nuestro pasaje, se encuentra en la forma presente imperativa intermedia/pasiva, que significa «obedezcan».[11] Sin embargo, el uso del *peitho* por parte del autor sugiere que esta obediencia nace del diálogo, de la enseñanza, de la persuasión y de la discusión. La obediencia insensata no es lo que se pretende. Alguien que está persuadido de algo actuará en consecuencia a ello, obedeciendo con alegre convicción.

Uno de los requisitos de un anciano es la capacidad de enseñar (1. Tim. 3:2). Esto se debe a que los líderes de la iglesia tienen que persuadir enseñando la verdad. Dwight Eisenhower captó la idea detrás de Hebreos 13:17 cuando dijo: «Prefiero tratar de persuadir a un hombre

---

[5] El Nuevo Testamento usualmente se refiere a los líderes de la iglesia en plural. La idea de un solo pastor dirigiendo una congregación era ajena a la iglesia primitiva.

[6] Bauer, *Lexicon*, 639. Otos ejemplos de *peitho* se encuentran en Lucas 16:31 y Hechos 17:4 y 21:14.

[7] "Peitho," en.Wikipedia.org. Accedido el 5 de Octubre del 2017.

[8] Paul McReynolds, *Word Study Greek–English New Testament* (Wheaton: Tyndale, 1999), 819.

[9] W.E. Vine, *Expository Dictionary of New Testament Words* (Iowa Falls, IA: Riverside Book & Bible House, 1952), 124.

[10] R. C. H. Lenski, *Interpretation of the Epistle to the Hebrews and the Epistle of James* (Minneapolis: Augsburg Publishing, 1966), 490.

[11] Horst Balz & Gerhard Schneider, eds., *Exegetical Dictionary of the New Testament*, Vol. 3 (Grand Rapids: Eerdmans, 1993), 63.

para que vaya conmigo, porque una vez que lo haya persuadido, se mantendrá firme. Si lo asusto, se quedará solo durante el tiempo que tenga miedo y después se irá.»[12] Los ancianos no deben simplemente tomar decisiones desde lo alto como los Papas. El pastor siervo vende en lugar de hablar. Idealmente, la obediencia descrita en Hebreos 13:17 sucederá después de un proceso de persuasión.

Hebreos 13:17 además instruye a los creyentes a *someterse* a sus líderes en la iglesia. Sin embargo, la palabra griega común para «someter» (*hupotasso*) no se encuentra aquí.[13] En cambio, el autor eligió la palabra griega clásica *hupeiko*, un sinónimo de *hupotasso*, que significa ceder o rendirse.[14] Rienecker lo definió con mayor precisión como «rendirse, darse por vencido, someterse».[15] *Hupeiko* se usaba en otros lugares con referencia a los competidores (como los luchadores) y se refería al sentido de rendirse después de una lucha.[16] La comprensión matizada de *hupeiko* no es la de una estructura, como el gobierno civil, a la que uno se somete automáticamente; más bien, es la sumisión al final de un proceso, una lucha o una contienda. Es el retrato de un debate y un diálogo serios antes de que una de las partes ceda.

En resumen, la relación presentada en el Nuevo Testamento no es una obediencia insensata entre los líderes y aquellos que son guiados como la de un esclavo. El rebaño de Dios debe estar abierto a ser persuadido (*peitho*) por sus pastores. Los líderes, a su vez, deben comprometerse con la enseñanza y el debate permanentes. Sin embargo, habrá momentos en que alguien o unos pocos entre los hermanos no puedan ser persuadidos. Las congregaciones están compuestas tanto de cristianos maduros como de inmaduros, de los que andan en el Espíritu y de los que no lo hacen, de los que tienen el don del discernimiento y de los que no lo tienen. Se producirán impases. Hebreos

---

[12] QuotationsPage.com, #2662, accedido el 30 de septiembre del 2016.

[13] Usado, por ejemplo, en Romanos 13:1, Colosenses 3:18, Efesios 5:21 y 1. Pedro 2:13.

[14] Bauer, *Lexicon*, 838.

[15] Rienecker, *Linguistic Key*, 720.

[16] "hupeiko", BibleStudyTools.org. accedido el 25 de febrero del 2021.

13:17 llama a los disidentes a ceder (*hupeiko*), después de mucha persuasión, a la sabiduría de sus líderes en la iglesia. Esta sumisión, sin embargo, ha de venir sólo después del diálogo, la discusión y el razonamiento. Así, aunque la autoridad final para tomar decisiones reside en el liderazgo, un aspecto crítico del gobierno de los ancianos debe incluir el compromiso de servir al Cuerpo mediante la construcción de un consenso congregacional guiado por el Espíritu. Así como una persona puede tener una opinión sin ser testaruda o hacer juicios sin ser sentenciosa, así también un pastor tiene autoridad para gobernar sin ser autoritario.

Prueba #3—Pastores: ¿Jugadores Estrella o Entrenadores desde la Línea?

Sorprendentemente, a los líderes de la iglesia se les da poca importancia en las epístolas. La epístola de Pablo a los Romanos, altamente teológica, iba dirigida simplemente a los «santos» (Rom. 1:7), sin mencionar especialmente a los pastores. Las dos cartas a la congregación corintia estaban dirigidas a toda la «iglesia» (1 Co. 1:2; 2 Co. 1:1). No se mencionan los pastores ni en los saludos ni en ninguna otra parte del texto de las cartas. El hecho de que estas dos epístolas traten temas críticos de liderazgo tales como la Cena del Señor, los servicios de adoración y la disciplina de la iglesia hace que esto sea aún más notable.

El saludo en Gálatas fue a todas las «iglesias» de la región. No se menciona en absoluto el liderazgo (1:2). A lo largo de Gálatas, se dirigía a los lectores simplemente como «hermanos». Los «santos de Éfeso» fueron los destinatarios designados para su carta (Ef. 1:1). La importancia de los pastores-maestros fue mencionada en Efesios 4:11, pero incluso allí no se escribe directamente a los pastores. Filipenses 1:1 rompe el patrón de ignorar al liderazgo. Los supervisores son saludados junto con los santos. Sin embargo, no hay ninguna otra mención de estos líderes, ni se les escribió nada más directamente. El saludo en Colosenses 1:2 fue simplemente a «los santos y hermanos fieles.» No se escribió nada directamente a los líderes o acerca de ellos. En el último capítulo de Hebreos, se pidió a los lectores que «saluden a todos sus líderes» (13:24). El autor no sólo no saludó directamente a los líderes, sino que asumió que ni siquiera leerían la carta.

Esta falta de enfoque en los líderes continúa en los saludos de 1 y 2 Tesalonicenses, Santiago, 1 y 2 Pedro, 1 y 2 Juan[17] y Judas. De todas las cartas a las iglesias, sólo en 1 Pedro 5 se escribe directamente a los ancianos.[18] Nada de esto debe interpretarse como que los pastores no tienen importancia. Es simplemente que los pastores también son ovejas. Los pastores eran un subconjunto de la iglesia como un todo. No había una fuerte distinción entre el clero y los laicos. Efesios 4:11-12 revela que el deber de los pastores-maestros es equipar a los santos para la obra del ministerio. Esto, combinado con el foco apostólico en las congregaciones enteras en lugar de solo los pastores, sugiere que los pastores deben servir como entrenadores desde la línea en lugar de como jugadores estrella.

Mucho se puede extraer de las apelaciones directas de los escritores del Nuevo Testamento a las congregaciones enteras. Se esforzaron mucho para influenciar a todos los creyentes—no sólo a los líderes. Los apóstoles no simplemente gritaban órdenes o emitían mandamientos como lo harían los comandantes militares. En cambio, trataron a los otros creyentes como iguales y apelaron directamente a ellos. El sacerdocio del creyente se practicaba activamente. Los pastores locales sin duda dirigían de la misma manera. Su autoridad primaria estaba en su capacidad de influir a través de la verdad. El respeto que se les daba se había ganado con honestidad. Era lo contrario de la autoridad militar en la que los soldados respetan el uniforme, pero no necesariamente al hombre que lo lleva. Aristóteles declaró astutamente: «Creemos en los hombres buenos más plenamente y más fácilmente que en otros. Esto

---

[17] 3 Juan fue escrita a Gayo, un líder de la iglesia, en vez de a una congregación entera.

[18] Las cartas a Timoteo y Tito son llamadas las "epístolas pastorales" por su énfasis en los pastores. Sin embargo, Timoteo y Tito no eran pastores locales. Ellos eran obreros apostólicos enviados por Pablo a diferentes lugares para organizar las iglesias.

es cierto en general, cualquiera que sea la cuestión, y absolutamente cierto cuando la certeza exacta es imposible y las opiniones están divididas... su carácter casi que puede llamarse el medio más eficaz de persuasión que posee.»[19]

Hebreos 13:7 refleja el hecho de que el estilo de liderazgo empleado por los líderes de la iglesia es principalmente uno de dirección por medio del ejemplo: «Acuérdense de sus dirigentes, ... Consideren cuál es el resultado de su estilo de vida, e imiten su fe.»[20] De manera similar, 1 Tesalonicenses 5:13 revela que los líderes deben ser respetados, no por la autoridad automática del rango designado, sino por el valor de su servicio: «Ténganlos en alta estima, y ámenlos por el trabajo que hacen.»[20] Como dijo Jesús: «Como ustedes saben, los gobernantes de las naciones oprimen a los súbditos, y los altos oficiales abusan de su autoridad. Pero entre ustedes no debe ser así. Al contrario, el que quiera hacerse grande entre ustedes deberá ser su servidor, y el que quiera ser el primero deberá ser esclavo de los demás»[20] (Mat. 20:25-28).

En resumen, los Apóstoles escribieron a las iglesias enteras y no sólo a los líderes. Los Apóstoles enseñaban, daban razones, persuadían y guiaban en lugar de meramente dar órdenes. Los pastores siervos deben servir guiando de esta manera. Los líderes deben ser grandes en el servir.

Prueba #4—La Iglesia como Congreso

Tendremos una comprensión más pobre de la iglesia de Cristo si no tomamos en cuenta la dinámica de la palabra griega original para iglesia: *ekklésia*. Con tanto énfasis hoy en la separación de la iglesia y el estado, el gobierno rara vez se asocia con la iglesia. Sin embargo, en los días de Jesús, *ekklésia* se usaba fuera del Nuevo Testamento para referirse a una asamblea política que se convocaba regularmente con

---

[19] *Aristotle's Rhetoric*, Libro 1, Capítulo 2.

[20] Santa Biblia, NUEVA VERSIÓN INTERNACIONAL® NVI® © 1999, 2015 por Biblica, Inc.®, Inc.® Usado con permiso de Biblica, Inc.®

el propósito de tomar decisiones.[21] Según Thayer, se trataba de «una asamblea del pueblo convocada en el lugar público de consejo con el propósito de deliberar».[22] Bauer define *ekklésia* como una «asamblea de un cuerpo político convocado regularmente».[23] Escribiendo para *The New International Dictionary of New Testament Theology*, Lothan Coenen señaló que la *ekklésia* estaba «claramente caracterizada como un fenómeno político, repetido según ciertas reglas y dentro de un determinado marco. Era la asamblea de ciudadanos de pleno derecho, arraigada funcionalmente en la constitución de la democracia, una asamblea en la que se tomaban decisiones políticas y judiciales fundamentales... la palabra *ekklésia*, en todas las regiones griegas y helenísticas, conservaba siempre su referencia a la asamblea del estado (*polis*)».[24]

El significado secular de *ekklésia* se puede ver varias veces en Hechos 19, donde se traduce como «asamblea legal» en lugar de «iglesia».[25] Dos de las ocurrencias en Hechos 19 se refieren a una reunión de plateros convocada por Demetrio. Estos sindicalistas se apresuraron al teatro donde normalmente se tomaban decisiones ciudadanas, para decidir qué hacer con una reputación dañada y la perdida de ventas.[26] Sin embargo, se excedieron en su jurisdicción, por lo que el secretario de la ciudad aconsejó que el asunto fuera resuelto por la *ekklésia* «legal» y no por el sindicato *ekklésia* (Hechos 19:37-39).

¿Por qué eligió Jesús una palabra tan políticamente cargada (*ekklésia*) para describir a Su pueblo y sus reuniones?[27] Si sólo hubiera querido

---

[21] En las Escrituras, *ekklésia* también se utiliza para referirse a una reunión de Israel, a la iglesia como la totalidad de los cristianos que viven en un lugar, y a la iglesia universal a la que pertenecen todos los creyentes.

[22] Thayer, *Lexicon*, 196.

[23] Bauer, *Lexicon*, 240.

[24] Lothan Coenen, "Church," *New International Dictionary of New Testament Theology,* Vol. 1, Colin Brown, General Editor (Grand Rapids: Zondervan, 1971), 291.

[25] Hechos 19:32, 39, 41 (NIV).

[26] "Teatro," Ephesus.us, accedido el 1 de septiembre de 2016. Había tanta confusión que la mayoría no sabía, porqué habían sido convocados.

[27] Mateo 16:13-20 & 18:15-20. En la *Septuaginta*, las reuniones de los antiguos Israelitas en el desierto son llamadas *ekklésia*.

describir una reunión sin connotaciones políticas, Jesús podría haber usado *sunagogé*. Tal vez fue porque Jesús quiso que sus seguidores funcionaran juntos con un propósito que es paralelo al del gobierno político. Si es así, los creyentes tienen la responsabilidad de tomar decisiones juntos por consenso. El pueblo de Dios tiene un mandato de toma de decisiones. Una iglesia es un cuerpo de ciudadanos del Reino autorizados para sopesar asuntos importantes, tomar decisiones y emitir juicios sobre diversas cuestiones. El *Baptist Faith and Message* del año 2000 declara: «Cada congregación funciona bajo el Señorío de Cristo mediante procesos democráticos».[28]

El Nuevo Testamento contiene muchos ejemplos del pueblo de Dios tomando decisiones como un cuerpo. Después de prometer construir su *ekklésia* sobre la roca de la confesión revelada por Pedro, Jesús habló inmediatamente de las llaves del reino de los cielos y de atar y desatar (Mat. 16:13-20). Las llaves simbolizan la autoridad para abrir y cerrar algo. «Reino» es un término político, y atar y desatar implican la autoridad para tomar decisiones. ¿Esta autoridad se le dio únicamente a Pedro? En Mateo 18:15-20, la autoridad de atar y desatar fue conferida a toda la *ekklésia* por Jesús. En Hechos 1:15-26, Pedro encargó a la iglesia de Jerusalén en su conjunto para que encontraran un reemplazo para Judas. Más tarde, los apóstoles buscaron que la iglesia corporalmente eligiera hombres para administrar el programa de alimentos de la iglesia (Hechos 6:1-6). Hechos 14:23 indica que los apóstoles nombraron ancianos con el amplio acuerdo de la congregación local.[29]

Los Apóstoles eran la norma para la doctrina y la práctica. Si alguna vez hubo un tiempo y lugar apropiado para que los Apóstoles tomaran una decisión por sí mismos, aparte de la iglesia, habría sido el Concilio de Jerusalén (Hechos 15). La naturaleza misma del Evangelio había sido puesta en tela de juicio. Sin embargo, incluso aquí,

---

[28]   Artículo VI, "The Church."

[29]   "Pablo y Bernabé hicieron elegir a los ancianos" (traducción alternativa al pie de página, NIV).

el hecho sorprendente es que los Apóstoles incluyeron no sólo a los ancianos locales de Jerusalén, sino también a toda la iglesia.[30] Colin Brown observó: «En la toma de decisiones del consejo no se les concede una preeminencia especial... Es coherente con el carácter no autoritario y colegial de la dirección de la iglesia que Hechos representa consistentemente (1:13-26; 6:2ss; 8:14ss; 11:1ss; 13:1-4).»[31] El liderazgo de servicio es descentralizado. Además, 1 Corintios 5 revela que la iglesia corporalmente tiene la autoridad de disciplinar amorosamente a los miembros no arrepentidos.

Eruditos

Refiriéndose al carácter general de la participación congregacional, Donald Guthrie observó: «Estas primeras comunidades mostraron una fuerza notable, característica particular de esa época. Las iglesias eran organismos vivos más que organizaciones. Los impulsos del Espíritu eran más importantes que los edictos eclesiásticos o los pronunciamientos episcopales. Cuando se tomaban decisiones, las tomaba toda la compañía de los creyentes, no sólo los funcionarios... Sería un error, sin embargo, suponer por ello que la Iglesia se dirigía acorde a líneas democráticas. El registro de los Hechos deja inequívocamente claro que el factor dominante fue la guía del Espíritu Santo.»[32]

Guthrie dijo además: «Cualquier examen del punto de vista de Pablo sobre el liderazgo dentro de la comunidad cristiana debe comenzar desde su idea básica de que la iglesia es un cuerpo del cual Cristo es la cabeza. Ninguna estructura de autoridad es posible sin que la autoridad suprema esté investida en Cristo mismo. Por otra parte, incluso aquí la autoridad debe entenderse como orgánica y no organizativa... es el tipo más íntimo de autoridad... Se debe considerar que los funcionarios mencionados ejercen sus diversas funciones bajo la

---

[30] Hechos 15:4, 12, 22.
[31] Brown, Vol. 1, *Dictionary,* 135.
[32] Donald Guthrie, *New Testament Theology* (Downers Grove, IL: Intervarsity, 1981), 741.

dirección de la cabeza... Aunque la Iglesia Cristiana no es una democracia, tampoco es una autocracia. De hecho, el único caso mencionado en el NT donde un hombre trató de gobernar sobre la comunidad es considerado con fuerte desprecio (3 Juan 9-10). La idea del NT de la iglesia es la de una comunidad en la cual Cristo, no el hombre, es la cabeza (Col. 1:18; Efesios 1:22). Es teocrática, no democrática. Su sentido de la ley y el orden está dominado por la voluntad de Dios (véase 1 Cor. 5:3-5).»[33]

El enfoque del Nuevo Testamento es que los líderes involucren a toda la iglesia en decisiones importantes, confiando en la guía del Espíritu Santo y buscando construir un consenso congregacional sobre los asuntos importantes. El gobierno de la iglesia primitiva fue una combinación del gobierno de ancianos y el consenso congregacional bajo Cristo como la Cabeza. Si la iglesia se inclinaba demasiado en una dirección, se convertiría en una dictadura, y demasiado en la otra, habría un gobierno de la turba. Los pastores y la iglesia están en una danza matizada de respeto mutuo mientras miran a Jesús como la Cabeza, el que dicta los pasos de la danza.

Provisión

El proceso que atraviesa una iglesia para llegar a un consenso puede ser tan importante como el consenso que finalmente se logra. El gobierno consensual requiere de tiempo, compromiso, edificación mutua y mucho amor fraternal. Realmente puede funcionar en las iglesias más pequeñas, tales como las de la era del Nuevo Testamento.[34] Debemos amarnos lo suficiente para aceptarnos unos a otros y superar nuestros desacuerdos. El concepto de consenso podría llamarse el gobierno por unidad, cohesión, armonía o acuerdo mutuo. ¿Realmente confiamos en que el Espíritu Santo trabaja en nuestras vidas e iglesias?

---

[33] Ibid., 760 & 946.

[34] Debido a que la iglesia primitiva se reunía en las casas privadas de sus miembros más pudientes, cada congregación era necesariamente pequeña (decenas de personas en lugar de cientos o miles).

Es importante considerar lo que el Señor ha hecho para ayudar a Su pueblo. Primero, nuestro Señor mismo oró "para que sean uno, lo mismo que nosotros... para que todos sean uno. Padre, así como tú estás en mí y yo en ti... Permite que alcancen la perfección en la unidad» (Jn. 17:11; 20-23).[35] Debido a que Jesús pidió esto en nuestro nombre, la unidad es ciertamente alcanzable.

Otra disposición que Dios ha hecho para nuestra unidad está en la Cena del Señor: «Puesto que el [molde de][36] pan es uno solo, nosotros, siendo muchos, somos un solo cuerpo; pues todos participamos de un solo pan» (1 Cor. 10:17).[37] Las preposiciones «puesto» y «pues» son importantes. La participación en la Cena del Señor no sólo simboliza la unidad, sino que incluso la crea.[38]

Finalmente, Cristo dio a la Iglesia diversos dones de liderazgo (como el de pastor-maestro) con un propósito: «hasta que todos alcancemos la unidad de la fe» (Ef. 4:11-13).[37] Los dirigentes desempeñan un papel fundamental en la creación del consenso.

Propuesta

Jesús dijo que los líderes de la iglesia deben llegar a ser como niños y esclavos: aquellos con la menor autoridad en la sociedad romana mundana. Jesús mismo no vino como rey sino como siervo. Un líder siervo se preocupa por las necesidades y los deseos de los demás, respeta verdaderamente los valores y la dignidad de los hermanos, cree y practica el sacerdocio de los creyentes, adopta un estilo de gestión participativo y se toma el tiempo y hace el esfuerzo para construir un consenso congregacional dirigido a la resolución de problemas y la

---

[35] Santa Biblia, NUEVA VERSIÓN INTERNACIONAL® NVI® © 1999, 2015 por Biblica, Inc.®, Inc.® Usado con permiso de Biblica, Inc.®

[36] Nota del traductor: en la traducción original se refiere a un molde completo de pan, no un solo panecillo. En el original inglés se encuentra aquí por eso "one *loaf* (of bread).

[37] Reina Valera Actualizada (RVA-2015), Version Reina Valera Actualizada, Copyright © 2015 by Editorial Mundo Hispano

[38] Véase el capítulo 1 para más detalles.

toma de decisiones. Servir de esta manera implica pastoreo, construir comunidad, hacer discípulos, enseñar, persuadir, escuchar, explicar, empatía, humildad y coaching.

La iglesia en su conjunto puede compararse a un congreso con la autoridad para tomar decisiones y emitir juicios que son vinculantes para sus miembros. Los líderes de la iglesia también son congresistas. Sin embargo, son nombrados para formar parte de un comité especial cuyo propósito es estudiar los asuntos y hacer recomendaciones, enseñar, informar o impulsar al congreso. Los líderes de la iglesia normalmente no deben tomar decisiones a nombre de la iglesia como una alternativa a la búsqueda de consenso. Los pastores deben guiar, enseñar, sugerir y construir un consenso. Sin embargo, cuando la iglesia se encuentra en un punto muerto, incapaz de resolver un problema, los pastores sirven como árbitros predeterminados o para disolver el empate. En estos casos, los opositores están llamados a someterse en el Señor a la dirección y sabiduría de los ancianos (Heb. 13:17). El gobierno de ancianos llenos del Espíritu, combinado con el consenso de la congregación sobre las decisiones importantes, da rienda suelta al Espíritu Santo y pone a la iglesia en una mejor posición para discernir la mente de Cristo y caminar en la Luz de la Palabra de Dios.

Práctica

Consenso vs. Mayoría simple: ¿Deberían tomarse las decisiones por *consenso* o por *mayoría simple*? Es importante considerar lo que implican estas dos opciones. Consenso significa acuerdo general, la tendencia representativa o la opinión. Se relaciona con las palabras «consentimiento» y «consensual». Por el contrario, el gobierno mayoritario puede ser una dictadura del 51% para el 49% que no está de acuerdo. Esto va en contra de la unidad. Sin embargo, el consenso trata de construir la unidad.

Consideremos los siguientes textos bíblicos: «¡Cuán bueno y cuán

agradable es que los hermanos convivan en armonía!» (Sal 133:1).[39]
«Les ruego, hermanos, por el nombre de nuestro Señor Jesucristo, que
todos se pongan de acuerdo, y que no haya divisiones entre ustedes,
sino que estén enteramente unidos en un mismo sentir y en un mismo parecer» (1 Cor. 1:10).[40] «Esfuércense por mantener la unidad del
Espíritu mediante el vínculo de la paz» (Ef. 4:3).[39] «...llénenme de
alegría teniendo un mismo parecer, un mismo amor, unidos en alma
y pensamiento» (Flp. 2:2).[39] «...revístanse de afecto entrañable y de
bondad, humildad, amabilidad y paciencia, de modo que se toleren
los unos con los otros y se perdonen si alguno tiene queja contra otro.
Así como el Señor los perdonó, perdonen también ustedes. Por encima
de todo, vístanse de amor, que es el vínculo perfecto» (Col. 3:12-15).[39]

Una enseñanza sistemática, bien presentada y basada en la Biblia,
empapada en oración ferviente, facilitará un debate maduro. Aunque
los líderes traerán enseñanzas relevantes para los temas que se están
considerando en las reuniones de la iglesia, gran parte del proceso de
construcción de consenso tendrá lugar fuera de la reunión de la iglesia. Sucederá uno a uno, hermano a hermano, de muchas maneras,
incluyendo la comunión de la Cena del Señor, visitas sociales de mitad
de semana, conversaciones telefónicas, mensajes de texto y correos
electrónicos. Poner de acuerdo a los miembros de la iglesia requiere
tiempo, paciencia, humildad, gentileza y el ministerio de los ancianos.
Hay una gran diferencia entre el consenso y la regla de la mayoría
simple, que implica votar y un 51% de «ganar».

Votación congregacional: En el proceso de consenso, nunca debe
haber un momento en que se haga una votación. La dirección debe
conocer la posición de cada hermano a partir de las conversaciones
individuales. Deberían tenerse debidamente en cuenta las opiniones
de los miembros piadosos, maduros y de larga data, en lugar de los

---

que acaban de empezar a asistir. Una vez que se ha alcanzado un consenso y se ha pedido a los disidentes que se rindan ante los ancianos, se puede hacer un anuncio y la propuesta se aplica.

¿Debería celebrarse una asamblea general de la iglesia para determinar si hay consenso sobre un asunto? Idealmente, la iglesia debe ser lo suficientemente pequeña como para que la dirección sepa cuál es la opinión de cada persona sin tener que convocar necesariamente una asamblea general. Sin embargo, convendría celebrar reuniones especiales, además de los servicios de adoración, para enseñar y debatir asuntos importantes.

¿Quién toma las decisiones en el proceso de consenso? ¿Deberían ser hombres y mujeres o sólo los hombres? Los pensamientos de todos son importantes. En la Trinidad, Dios el Padre y Dios el Hijo son iguales; sin embargo, el Hijo se somete voluntariamente a la voluntad del Padre. Aunque los hombres y las mujeres son iguales ante Dios, las esposas están llamadas a someterse a sus esposos. Dios es la cabeza de Cristo, Cristo es la cabeza de la iglesia y el esposo es la cabeza de su familia. Una forma en que este orden divino se expresa en la iglesia, es que sólo los hombres deben servir como ancianos y maestros. También se expresa cuando los hombres, como jefes de sus hogares, representan las opiniones de sus esposas en el proceso de consenso. Ciertamente, las esposas tienen opiniones y percepciones válidas. Estas preocupaciones pueden ser expresadas directamente por las mujeres o por medio de sus maridos. Un esposo amoroso considerará cuidadosamente los puntos de vista de su esposa, pero son los hermanos los que tienen la última palabra. Son los hermanos quienes deben tomar las decisiones que son vinculantes para la iglesia (véase 1 Cor. 11:1ss, 14:33-35; 1 Tim. 2:11-15).

En cuestiones de mera preferencia, considerar a las mujeres y someterse a sus deseos es el camino adecuado a seguir. Sin embargo, en asuntos de teología o de aplicación de la Escritura los hombres deben tomar las decisiones finales. En su comentario sobre 1 Corintios

14:33-35, R.C.H. Lenski citó de *Opinion of the Theological Faculty of Capital University*: «No podemos ver, cómo el otorgarle voz y voto a las mujeres en todas las reuniones congregacionales puede hacer otra cosa que poner a las mujeres al mismo nivel que a los hombres en todas esas reuniones e interferir gravemente con su sujeción y obediencia divinamente ordenadas».[41]

¿Cuándo llegan los asuntos a un nivel que requiere de consenso? No es práctico involucrar a toda la iglesia en cada decisión. La clave es enfocarse en lograr un consenso sobre temas importantes, tales como compras importantes, la selección de ancianos y diáconos, la disciplina eclesiástica, determinar el lugar donde se reunirá la iglesia, hacer cambios importantes en la manera en que se llevan a cabo las reuniones, plantar nuevas iglesias, apoyar a los misioneros y comenzar ministerios de alcance.

¿Cuándo presenta el tamaño de la congregación un problema? En las Escrituras no se encuentra ningún número mágico para el tamaño óptimo de la congregación. Si una iglesia es demasiado grande para que los ancianos conozcan y tengan una relación con cada persona, es demasiado grande. El gobierno de consenso funciona mejor en una congregación lo suficientemente pequeña para que todos se conozcan y se amen. Las relaciones deben ser lo suficientemente fuertes como para permitir a la gente trabajar a pesar de sus desacuerdos sin enojarse y dejar la iglesia. Cabe destacar que la iglesia primitiva se reunía en villas romanas. La típica villa podría albergar aproximadamente 100 personas.[42]

¿Qué pasa con los miembros inactivos o recién convertidos? ¿Cuentan sus voces en el proceso de consenso? Casi siempre habrá personas espiritualmente inmaduras en una iglesia. Las opiniones de los inactivos deben tener el mismo peso que su participación en la

---

[41] R.C.H. Lenski, *Interpretation of I & II Corinthians* (Minneapolis: Augsburg Publishing House, 1943), 617.

[42] Para leer más sobre las consideraciones de tamaño, véase el capítulo 5.

iglesia. Aquí es precisamente donde Hebreos 13:17 es relevante. Después de discusiones y llamados razonables, esas personas deben escuchar y rendirse a la sabiduría de los ancianos.

¿Cómo debe aplicarse el consenso a las interpretaciones de la Biblia? Ciertamente, debemos estudiar la Biblia como individuos, pero no individualmente. Tenemos que sopesar nuestras interpretaciones contra el consenso de la Iglesia: no sólo nuestra Iglesia local, sino la Iglesia universal. Se necesita humildad histórica. Rechazar las conclusiones aceptadas por millones de nuestros compañeros creyentes a lo largo de miles de años es convertirse efectivamente en pequeños Papas que se imaginan a sí mismos como teniendo el derecho divino de interpretar la Escritura de manera autónoma.[43]

Las Escrituras enseñan que el Espíritu Santo mora en cada creyente. Al examinar las creencias de la Iglesia alrededor del mundo hoy y durante los últimos dos milenios, podemos ver fácilmente varios acuerdos fundamentales sobre la correcta interpretación de la Escritura. Esto tiene que ser más que una coincidencia. Es la obra del Espíritu. Algunos de estos acuerdos generales se refieren a asuntos tales como el nacimiento virginal, la Trinidad, la deidad de Cristo, la naturaleza propiciatoria de la muerte de Cristo en la cruz, la resurrección corporal de Cristo, el futuro regreso corporal de Cristo, la futura resurrección corporal de los muertos y la inspiración de la Escritura. Cuando la iglesia universal ha llegado a un consenso acerca de una doctrina, se convierte en autoritativo. ¿Tiene una congregación el derecho de desafiar el consenso histórico de la iglesia? Estas doctrinas básicas convenidas constituyen la *regula fide*, la regla de la fe. Necesitamos una buena dosis de humildad histórica.

Por lo tanto, podemos ver que hay límites a lo que una iglesia local como cuerpo puede determinar con la toma de decisiones. Ninguna iglesia local tiene licencia para redefinir la fe cristiana histórica. Algunas doctrinas simplemente no están abiertas a debate. Cada *ekklésia*

---

[43] Keith Mathison, *The Shape of Sola Scriptura* (Moscow, ID: Canon Press, 2001).

debe funcionar dentro de los límites de la ortodoxia. Los ancianos deben considerar que las ideas dañinas y heréticas no tienen cabida (1 Tim. 1:3). La razón es que la Iglesia en general hoy y a través del tiempo ya ha llegado a un consenso sobre ciertas interpretaciones fundamentales de la Escritura. El Espíritu Santo no ha fallado en su misión de guiar a la iglesia a toda la verdad (Jn. 16:13). G. K. Chesterton dijo: «Tradición significa darle voz y voto a la más oscura de todas las clases, nuestros antepasados. Es la democracia de los muertos. La tradición se niega a someterse a la pequeña y arrogante oligarquía de aquellos que simplemente andan por ahí».[44]

Liderazgo Plural: Las referencias del Nuevo Testamento en cuanto a los líderes de la iglesia local están generalmente en plural. Por ejemplo: «En cada iglesia nombraron ancianos...» (Hch. 14:23),[45] y «haga llamar a los ancianos de la iglesia...» (Stg. 5:14).[46] De tales textos, muchos han inferido que cada iglesia local debe tener una pluralidad de ancianos. En general, cada iglesia debe tener tantos hombres como sea posible que estén calificados para servir como ancianos. Idealmente, debería ser una pluralidad.[46] Los siguientes son algunos de los beneficios del liderazgo plural:

1.   Las posibilidades de que se desarrolle una dictadura se reducen. Debemos recordar las sabias palabras de Lord Acton: «El poder tiende a corromper, y el poder absoluto corrompe absolutamente. Los grandes hombres son casi siempre hombres malvados.» Incluso si sólo un hermano está calificado para servir como anciano, el comprender que el liderazgo del anciano incluye la construcción de consensos entre todos los hermanos, ayudará a evitar el desarrollo de un Diótrefes moderno: «Le escribí algunas líneas a la iglesia, pero Diótrefes, a quien le encanta ser el primero entre ellos, no nos acepta. Por eso, si voy, no

---

[44] "Tradition Is the Democracy of the Dead," Chesterton.org, accedido en septiembre 1 de 2016.

[45] Santa Biblia, NUEVA VERSIÓN INTERNACIONAL® NVI® © 1999, 2015 por Biblica, Inc.®, Inc.® Usado con permiso de Biblica, Inc.®

[46] En cuanto a la diferencia entre un anciano, superintendente (RV: "obispo") y pastor, un examen de Hechos 20:17, 28-30, Tito 1:5-7 y 1 Pedro 5:1-3 mostrará el uso sinónimo.

dejaré de reprocharle su comportamiento, ya que, con palabras ma-lintencionadas, habla contra nosotros solo por hablar. Como si fuera poco, ni siquiera recibe a los hermanos, y a quienes quieren hacerlo, no los deja y los expulsa de la iglesia» (3 Jn. 1:9-10).[47]

2.   Lidiar con un ataque de lobos es más fácil: «Sé que después de mi partida entrarán en medio de ustedes lobos feroces que procurarán acabar con el rebaño. Aun de entre ustedes mismos se levantarán algunos que enseñarán falsedades para arrastrar a los discípulos que los sigan» (Hch. 20:29-30).[47] Eclesiastés 4:12 dice: «Uno solo puede ser vencido, pero dos pueden resistir. ¡La cuerda de tres hilos no se rompe fácilmente!»[47]

3.   Hay una sabiduría mayor: «Porque con dirección sabia harás la guerra, y en la abundancia de consejeros está victoria.» (Prv. 24,6).[48]

4.   Como se refleja en el consejo de Jetro a Moisés (Éxodo 18:13-27), tener varios ancianos permitiría compartir la carga de trabajo, p. ej., visitar enfermos, enseñar, aconsejar y lidiar con los problemas.

5.   Aprovecha una gama más amplia de dones espirituales. Los ancianos no tienen los mismos dones o motivaciones: «Los ancianos que dirigen bien los asuntos de la iglesia son dignos de doble honor, especialmente los que dedican sus esfuerzos a la predicación y en la enseñanza» (1. Tim. 5:17).

6.   Se ha dicho que se está solo en la cima. Ser un anciano solo puede ser solitario y desalentador. Tener varios ancianos hace que se alienten mutuamente.

Preguntas para Debate

1. ¿Qué puede enseñar Lucas 22:24-27 acerca de la autoridad de un líder de la iglesia?

2. ¿A qué se refería originalmente la palabra griega *ekklésia*?

---

[47] Santa Biblia, NUEVA VERSIÓN INTERNACIONAL® NVI® © 1999, 2015 por Biblica, Inc.®, Inc.® Usado con permiso de Biblica, Inc.®

[48] Nueva Biblia de las Américas™ NBLA™ Copyright © 2005 por The Lockman Foundation

3. ¿Por qué eligió Jesús una palabra política como *ekklésia* para describir a Sus seguidores?

4. ¿Cuáles son algunos ejemplos del Nuevo Testamento del pueblo de Dios tomando decisiones como un cuerpo?

5. ¿Cuál es la diferencia entre el gobierno por mayoría y el consenso congregacional?

6. ¿Cuál es la diferencia entre consenso y unanimidad?

7. ¿Qué provisiones ha hecho Dios para ayudar a una iglesia a alcanzar el consenso?

8. ¿Cómo construyen los pastores un consenso congregacional?

9. En Hebreos 13:17, se anima a los creyentes a obedecer y someterse a sus líderes. ¿Cómo encaja esto con el gobierno congregacional?

NTRF.org tiene audios, videos y una guía de discusión para maestros sobre el enfoque de la iglesia primitiva para la toma de decisiones.

Estrategia #5

Estrategia de Tamaño para un Ministerio Efectivo

Cuando se trata del tamaño congregacional, es fácil asumir que mientras más grande es, mejor es. *¿Pero realmente es así? En lugar de tener mil personas en una sola iglesia, ¿no sería mejor tenerlos repartidos en diez iglesias?* Durante sus primeros doscientos años, la iglesia se reunió en las casas particulares de sus miembros. Puesto que cada epístola escrita a una iglesia fue escrita a una iglesia que se reunía en la casa de alguien, las actividades de la vida corporal presentadas como ideales fueron (podría decirse) diseñadas para entornos más pequeños. Dios usó estas pequeñas iglesias para poner al mundo romano al revés (Hechos 17:6). Más grande no es necesariamente mejor — ¡mejor, es mejor! Las iglesias más pequeñas tienen ventajas de tamaño estratégicas, divinamente diseñadas para el ministerio eficaz.

Beneficios

¿Tu iglesia es pequeña? Si es así, tienes mucha compañía. Al sesenta por ciento de todas las iglesias protestantes en los Estados Unidos asisten menos de 100 adultos.[1] En todo el mundo, más de *mil millones* de cristianos adoran en iglesias con menos de 250 personas — los pastores de iglesias pequeñas apacientan más de mil millones de ovejas de Dios.[2]

Las cosas buenas realmente vienen en empaques pequeños. Los entornos más pequeños fomentan la simplicidad, la intimidad, la unidad, el amor, el apoyo y la rendición de cuentas que caracterizaron a la iglesia primitiva. Las relaciones descritas en el Nuevo Testamento funcionan mejor en situaciones en las que todos conocen a los demás. Una atmósfera amorosa y familiar se desarrolla más fácilmente. Las muchas exhortaciones de «unos a otros» de la Escritura pueden ser vividas de manera más realista. La disciplina de la iglesia adquiere un significado genuino. Hacer discípulos es natural y personal. La adoración participativa es más adecuada en entornos más pequeños. Celebrar la Cena del Señor con la fiesta *ágape* del amor es más natural en un entorno más pequeño. Lograr el consenso congregacional es más fácil cuando todos conocen a los demás y existen genuinamente líneas abiertas de comunicación. Involucrarse con una iglesia más pequeña puede ser una bendición maravillosa con ventajas estratégicas, divinamente diseñadas.

Charles Spurgeon opinó: «Me parece que se haría mucho bien, si las personas que tienen habitaciones grandes en sus casas se esforzaran por reunir pequeñas congregaciones... Donde hay una iglesia en la casa, cada miembro se esfuerza por aumentar el consuelo del otro, todos tratan de promover la santidad del otro, cada uno se esfuerza

---

[1] "Small Churches Struggle to Grow Because of the People They Attract," Barna.org, accedido el 26 de Agosto de 2016.

[2] Karl Vaters, "The Astonishing Power of Small Churches: Over One Billion Served," ChristianityToday.com, accedido el 30 de Agosto de 2016.

por cumplir su deber según la posición que ocupa en esa Iglesia».[3]

Nadie menos que una luminaria de la Reforma, Martín Lutero, escribió: «Aquellos ... deseosos de ser cristianos en serio ... deberían ... reunirse por sí mismos en alguna casa ... aquellos cuya conducta no haya sido tal como corresponde a los cristianos, pueden ser identificados, reprochados ... o excomulgados ... Aquí podríamos tener el bautismo y el sacramento... y dirigir todo hacia la Palabra y la oración y el amor...» Las iglesias más pequeñas tienen ventajas estratégicas de tamaño, divinamente diseñadas para el ministerio eficaz.

Pruebas

Según los arqueólogos de la Universidad de Yale: «Las primeras congregaciones cristianas adoraban en casas privadas, reuniéndose en las casas de los miembros más ricos de forma rotativa... El culto se realizaba generalmente en el atrio o patio central de la casa.»[4] Por ejemplo, Filemón, que era lo suficientemente rico como para tener un esclavo, acogió una iglesia en su casa (Fil. 2). Lydia, la anfitriona de una iglesia, era una próspera empresaria que vendía costosas telas púrpuras y podía pagar sirvientes domésticos (Hechos 16:14). Las iglesias se reunían en las diversas casas de Aquila y Priscila, una pareja involucrada en el evidentemente lucrativo negocio de la fabricación de tiendas de campaña en el primer siglo (Hechos 18:1-3).[5] Gayo tenía una casa lo suficientemente grande como para albergar la numerosa congregación corintia (1 Cor. 1:14; Ro. 16:23).

Menos conocido es el hecho de que la iglesia primitiva continuó la práctica de las reuniones en casa durante cientos de años después de la era apostólica. Graydon Snyder del Seminario Teológico de Chicago observó: «La Iglesia del Nuevo Testamento comenzó como un

---

[3] Charles Spurgeon, "A Pastoral Visit," ccel.org. Accedido el 4 de Septiembre de 2020.

[4] "Unearthing the Christian Building," *Dura-Europos: Excavating Antiquity* (Yale University Art Gallery), 2.

[5] A través del hacer carpas Pablo era capaz no solo de sostenerse a sí mismo, sino también de financiar a sus compañeros de viaje (por lo menos siete hombres - Hechos 20:4, 34).

pequeño grupo de iglesia en casa (Col. 4:15) y permaneció así hasta mediados o finales del siglo III. No hay evidencias de lugares de reunión más grandes antes del año 300».[6] Snyder también declaró: «No hay evidencia literaria ni indicación arqueológica de que alguna de aquellas casas se haya convertido en un edificio eclesiástico existente. Tampoco hay ninguna iglesia existente que ciertamente haya sido construida antes de Constantino.»[7]

La verdadera cuestión no es dónde se reúne una iglesia, sino cómo puede hacer mejor lo que Dios requiere de ella. El tamaño juega un papel importante. Tener demasiada gente presente puede frustrar el propósito de celebrar una reunión de la iglesia local. Las grandes multitudes son excelentes para los conciertos ocasionales de alabanza, la enseñanza (Mat. 4:25-5:1) o la evangelización (Hch. 5:12-14, 19). Esas reuniones son necesariamente relativamente impersonales. Sin embargo, la reunión semanal de la iglesia local se supone que debe ofrecer beneficios personalizados tales como la edificación mutua, rendición de cuentas, comunidad y compañerismo. De acuerdo con el ejemplo del Nuevo Testamento el tamaño ideal para una congregación podría ser el número de personas que cabrían en una villa romana del siglo I.[8] Las iglesias más pequeñas tienen ventajas estratégicas de tamaño, divinamente diseñadas para el ministerio eficaz.

Eruditos

Con respecto a los lugares de reunión de las primeras reuniones de la iglesia, el erudito reformado William Hendriksen dijo: «Dado que en los siglos primero y segundo los edificios de iglesia en el sentido en que los conocemos hoy no existían todavía, las familias celebraban

---

[6]   Snyder, *Church Life*, 166.

[7]   Ibid., 67.

[8]   Hechos 16:40, 20:20; Ro. 16:3–5a, 16:23; 1 Cor. 16:19; Col. 4:15; Film. 1–2; Stg. 2:3. Aunque la Escritura nunca lo dice, es posible que la iglesia también se reunía en las casas de arriendo, *insula*, que no habrían sido tan grandes como una villa romana.

servicios en sus propios hogares.»[9]

El sacerdote anglicano y evangelista David Watson declaró: «Durante los dos primeros siglos la iglesia se reunía en pequeños grupos en las casas de sus miembros, además de reuniones especiales en aulas públicas o mercados, donde la gente podía reunirse en un número mucho mayor. Significativamente, estos dos siglos marcan el avance más poderoso y vigoroso de la Iglesia, que quizás nunca ha sido igualado».[10]

Martin Selman del Spurgeon's College en Londres escribió: «El tema de la 'familia de Dios' indudablemente se debió mucho a la función de la casa en el cristianismo primitivo como lugar de encuentro y compañerismo (p.ej.: 2 Tim. 4:19; Flm. 2; 2 Jn. 10).»[11]

W. H. Griffith Thomas, cofundador del Seminario Teológico de Dallas, opinó: «Durante dos o tres siglos, los cristianos se reunían en casas particulares... Parece haber pocas dudas de que estas reuniones informales de pequeños grupos de creyentes tuvieron una gran influencia en la preservación de la simplicidad y la pureza del cristianismo primitivo.»[12]

El profesor Ronald Sider concluyó: «La iglesia primitiva fue capaz de desafiar los valores decadentes de la civilización romana precisamente porque experimentó la realidad de la comunión cristiana de una manera poderosa... El compañerismo cristiano significaba disponibilidad incondicional y responsabilidad ilimitada para las otras hermanas y hermanos — emocional, financiera y espiritualmente. Cuando un miembro sufría, todos sufrían. Cuando uno se regocijaba, todos se regocijaban (1 Cor. 12:26). Cuando una persona o iglesia

---

[9] William Hendriksen, "Exposition of Paul's Epistle to the Romans," *New Testament Commentary* (Grand Rapids: Baker, 1980), 22.

[10] David Watson, *I Believe in the Church* (Great Britain: Hodder & Stoughton, 1978), 121.

[11] Martin Selman, "House," *New Bible Dictionary*, ed. J. D. Douglas (Wheaton: Tyndale, 1982), 498.

[12] W. H. Griffith Thomas, *St. Paul's Epistle to the Romans* (Grand Rapids: Eerdmans, 1984), 422–423.

experimentaba problemas económicos, los demás compartían sin reservas. Y cuando un hermano o hermana caía en pecado, los demás restauraban con gentileza a la persona descarriada (Mat. 18:15-17; 1 Cor. 5; 2 Cor. 2:5-11; Gál. 6:1-3). Las hermanas y los hermanos estaban a disposición de los demás, se responsabilizaban unos por otros y se rendían cuentas mutuamente. La iglesia primitiva, por supuesto, no siempre vivió plenamente la visión del Nuevo Testamento del cuerpo de Cristo. Hubo errores trágicos. Pero la red de pequeñas iglesias en casas esparcidas por todo el Imperio Romano experimentó su unidad en Cristo tan vívidamente, que fueron capaces de desafiar y eventualmente conquistar una poderosa civilización pagana. La inmensa mayoría de las iglesias de hoy en día, sin embargo, no proporcionan el contexto en el que los hermanos y hermanas puedan animarse, amonestarse y discipularse mutuamente. Necesitamos desesperadamente nuevos escenarios y estructuras para cuidarnos unos a otros en el amor».[13] Las iglesias más pequeñas tienen ventajas estratégicas de tamaño divinamente diseñadas para el ministerio eficaz.

Patrón

¿Qué tenemos que ver con el hecho de que la iglesia primitiva se reunía mayormente en hogares? La explicación más común para la existencia de las iglesias primitivas era la presión causada por la persecución. Su situación era similar a la de China o Irán hoy en día. Sin embargo, incluso sin persecución, ¿podrían los apóstoles haber tenido la intención de establecer un patrón deliberado para congregaciones más pequeñas? Es un axioma del diseño el que la forma sigue a la función. Reunirse en un entorno más pequeño tendría un efecto práctico en la vida eclesiástica de un individuo. La creencia de los apóstoles sobre la *función* de la iglesia se expresó naturalmente en la *forma* de la iglesia del primer siglo. Algunas prácticas distintivas de esas pequeñas

---

[13] Ronald Sider, *Rich Christians in an Age of Hunger* (Downers Grove, IL: Intervarsity, 1977), 190–191.

iglesias primitivas valen la pena de ser consideradas:[14]

1. *La Iglesia como familia:* La importancia primordial de la iglesia del Nuevo Testamento reside en su teología de comunidad. Los escritores apostólicos usaron palabras pertenecientes a la familia para describir a la iglesia. Los creyentes son hijos de Dios (1. Jn. 3:1) que han nacido en Su familia espiritual (Jn. 1:12-13). Así, el pueblo de Dios es visto como parte de Su hogar (Ef. 2:19; Gál. 6:10). Se les llama hermanos y hermanas (Flm. 2; Ro. 16:2). En consecuencia, los cristianos deben relacionarse entre sí como miembros de una familia (1. Tim. 5:1-2; Ro. 16:13). De la verdad teológica de que los hijos de Dios son una familia espiritual surgen muchos asuntos que rodean las prácticas de la iglesia. Esto incluye el tamaño de la congregación que mejor facilita el funcionamiento como la familia de Dios. Según el profesor del seminario Fuller, Robert Banks: «Incluso las reuniones de la 'iglesia entera' eran lo suficientemente pequeñas como para que se desarrollara una relación relativamente íntima entre los miembros».[15]

2. *Ministerio Unos-a-Otros:* Las Escrituras están llenas de mandatos «unos a otros»[16] Una iglesia debe caracterizarse por el estímulo mutuo, la rendición de cuentas, las relaciones interpersonales, la comunidad y la disciplina eclesial. Estos ideales se logran mejor en congregaciones más pequeñas donde la gente se conoce y se aman unos a otros. No se lograrán fácilmente en un gran auditorio lleno de personas que son relativamente desconocidas. El cristianismo nominal se alza en escenarios donde es fácil perderse entre la multitud. Las iglesias más pequeñas pueden fomentar mejor la simplicidad, vitalidad, intimidad y pureza que Dios desea para Su Iglesia.

---

[14] Un agradecimiento especial a Stephen David de Hyderabad, India por sus significantes contribuciones a esta sección.

[15] Robert Banks, *Paul's Idea of Community: The Early House Churches in Their Historical Setting* (Grand Rapids: Eerdmans, 1988), 41–42.

[16] Hay más de cincuenta de estos mandamientos, tales como ámense los unos a los otros, dense preferencia los unos a los otros, anímense los unos a los otros, estén de acuerdo unos con otros, acéptense los unos a los otros y sométanse los unos a los otros.

3. *Adoración participativa:* Las reuniones de la iglesia primitiva eran claramente participativas (1 Cor. 14:26ss). Debido a que hablar en público da un gran temor a muchos, las reuniones participativas se adaptan mejor a reuniones más pequeñas de personas que se conocen y se aman unas a otras. Después de que las reuniones eclesiásticas en los atrios de las villas romanas fueran reemplazadas por reuniones en basílicas mucho más grandes, la adoración participativa fue reemplazada por representaciones escénicas preelaboradas por profesionales. La realidad práctica del sacerdocio de cada creyente se perdió hasta la Reforma.

4. *Fraternidad de la Comunión:* La Cena del Señor se celebraba originalmente semanalmente como una comida completa (la fiesta del ágape, 1. Co. 11). Cada iglesia local debe ser como una familia. Una de las cosas más comunes que hacen las familias es comer juntas. Cuanto más grande sea la congregación, menos familiar y más impersonal será la Cena del Señor como una verdadera comida. Las reuniones de la iglesia primitiva, centradas alrededor de la Cena del Señor, fueron tiempos de gran compañerismo, comunidad y estímulo. En lugar de observarse en una atmósfera fúnebre, la Cena del Señor se celebraba alegremente en anticipación del banquete de las Bodas del Cordero.

5. *Consenso Congregacional:* Cada iglesia del Nuevo Testamento tenía una pluralidad de líderes claramente identificados que lideraban más por el ejemplo y la persuasión que dando órdenes. La creación de consenso entre los miembros de la congregación era una parte importante del proceso de toma de decisiones. El consenso puede alcanzarse en una Iglesia en la que todos se conocen, aman, soportan mutuamente, son pacientes unos con otros y se comprometen unos a otros. Un entorno más pequeño e informal es un lugar eficaz para lograr consensos. Sin embargo, cuanto más grande es la congregación, más difícil es mantener las relaciones y líneas de comunicación. La intimidad sufre. El pastor se vuelve inaccesible y necesariamente actuará como un director ejecutivo corporativo (CEO).

6. *Multiplicación:* Las iglesias pequeñas tienen un gran potencial para crecer a través de la multiplicación. Las nuevas iglesias crecen más rápido que las antiguas.[17] Los nuevos líderes deben ser entrenados continuamente para salir a fundar nuevas iglesias. Necesitamos pensar a pequeña escala de una manera realmente grande. En lugar de hacer crecer una sola iglesia cada vez más, deberíamos considerar enviar grupos de personas para comenzar otras iglesias. Deberíamos comprometernos a ser una iglesia pequeña que inicie otras iglesias pequeñas, que a su vez funden otras iglesias pequeñas.

7. *Asignación de recursos:* El Director de Misiones de la Asociación Bautista de San Antonio, Charles Price, lamentó que el costo típico para comenzar una nueva iglesia en Norteamérica fuera de asombrosos dos millones de dólares.[18] Jim Henry, pastor de la Primera Iglesia Bautista de Orlando declaró: «Nuestras dos plantas de iglesia nos van a costar alrededor de 2.45 millones de dólares americanos en un período de tres años».[19] A la luz de estas asombrosas cifras, debemos ser creativos para encontrar lugares de reunión rentables a medida que nuestras pequeñas iglesias comienzan nuevas iglesias pequeñas. Las opciones incluyen alquilar un salón comunal de un conjunto de apartamentos, una academia de baile, un local comercial, una cafetería escolar o un centro comunitario. Las congregaciones más viejas de mentalidad de Reino pueden estar dispuestas a dejar que otros usen sus edificios después de que sus servicios hayan terminado. No debe descartarse la posibilidad de reunirse en el domicilio de alguien bajo las circunstancias adecuadas. Todavía puede ser una opción viable: quizás, la mejor. Una casa adecuada tendría una gran área de reunión y un amplio lugar para parquear fuera de la calle (un problema con el

---

[17] "Why Do Newly Planted Churches Grow Faster than Older Churches?" rmdc.org, accedido el 1 de Septiembre de 2016.

[18] Intercambio por correo electrónico con el autor, Mayo 8 de 2013.

[19] "How Much Does It Cost to Start a Church?" MissionalChallenge.com, accedido el 1 de Septiembre de 2016.

que las iglesias en casa del primer siglo no tenían que lidiar). Algunos propietarios han construido lo que parece ser un garaje para cuatro coches detrás de su casa para que la iglesia se reúna allí.

Proporciones

Debido a que las iglesias del primer siglo se reunían casi exclusivamente en casas particulares, la congregación típica de la era apostólica era relativamente pequeña.[20] Aunque las iglesias en casa estaban en el extremo opuesto del espectro de las mega iglesias de hoy en día, es importante evitar el error de pensar a una escala *demasiado* pequeña. El tamaño debe ser apenas justo: ni demasiado grande, ni demasiado pequeño (ni mega, ni micro). No había más gente que la que cabría en el hogar de una persona adinerada (en el atrio, el patio o la sala de estar). El proceso de restauración de Mateo 18 detallado claramente por Jesús asume más personas que «nosotros cuatro y nadie más.» Había una sola reunión de la iglesia en casa en Corinto; el recuento de las personas que usaban sus dones espirituales en 1 Corintios 14 revela un número sorprendente de creyentes. Las primeras iglesias en casa podían apoyar a las viudas y los ancianos calificados para ello. Esto habría requerido más que un puñado de creyentes (1 Tim. 5:3-16). Tener una pluralidad de ancianos en una iglesia es poco probable en un ambiente demasiado pequeño (Hechos 14:23). Las iglesias primitivas que se reunían en villas romanas consistían típicamente de decenas de personas, no cientos y ciertamente no miles.[21]

Como se señaló anteriormente, la Escritura indica que las iglesias primitivas se reunían en los hogares de sus miembros más pudientes. Esto puede haber sido debido al mayor tamaño de las casas y la capacidad de

---

[20] Aunque no se puede decir con certeza que cada iglesia se reunía en un hogar, es un hecho que cuando un lugar de reunión es especificado en las Escrituras, es siempre en un hogar. Tal vez algunas congregaciones se reunían en edificios más grandes; sin embargo, este argumento se basa en suposiciones.

[21] La Iglesia de Jerusalén tenía miles de miembros que se reunían en varias casas (Hechos 5:42). Las reuniones grandes y efímeras en el templo eran reuniones ministeriales especiales en vez de reuniones regulares de la iglesia.

los anfitriones para proporcionar gran parte de la comida para las fiestas de amor. El reto de adorar en una casa hoy en día es que la habitación más grande de las casas modernas es a menudo mucho más pequeña que la habitación más grande de las villas romanas del siglo I. Eran grandes casas semipúblicas. Las habitaciones que daban a la calle eran a menudo negocios. Un pasillo entre ellos conducía al atrio, al final del cual estaba la oficina de negocios. No era raro que los extraños entraran y salieran de una casa. Además, varias generaciones de una familia vivían normalmente bajo el mismo techo. Había grandes áreas, como el atrio, donde la iglesia podía reunirse. Más allá de la oficina de negocios había un patio cerrado semicubierto aún más grande. Amplias salas de estar se construían a menudo alrededor del patio. Suficientes creyentes podían reunirse para que se manifestaran una variedad de dones espirituales, para que estuvieran presentes varias personas que tenían el mismo don, para que hubiera una pluralidad de ancianos, y para que los pastores-maestros calificados recibieran apoyo financiero. (Los pastores-maestros eran así libres para dedicarse a hacer discípulos, enseñar a fondo y liderar.)

La sala de reuniones de la iglesia de Lullingstone Villa en Kent, Inglaterra (construida durante la ocupación romana) tenía aproximadamente 4,5 por 6,5 metros.[22] Según los estándares modernos, esto supondría una capacidad para unas 50 personas.[23] El estudio del siglo XIX de William Smith sobre Pompeya reveló que el atrio en la villa romana del «poeta trágico» medía 6,1 por 8,5 metros.[24] Esto implicaría la capacidad para sentar de 60 a 80 personas. La *Biblia de Estudio ESV* señala que las primeras iglesias cristianas «se reunían en hogares... Hay una amplia evidencia arqueológica de muchas ciudades que muestra, que algunas casas fueron estructuralmente modificadas

---

[22] "Lullingstone Roman Villa," English-Heritage.org.uk. Mediciones tomadas a partir de esquemas.

[23] "Space Calculator for Banquet & Meeting Rooms," BanquetTablesPro.com, accedido el 4 de octubre de 2016.

[24] William Smith, *Dictionary of Greek and Roman Antiquities* (London: John Murray, 1875), 430.

para albergar tales iglesias.»[25] Una de esas casas modificadas que se sabía que albergaba una iglesia se encontró en Dura-Europos, en Siria moderna. Según los arqueólogos que la excavaron, podía albergar de 65 a 70 personas.[26] Puesto que los primeros creyentes tenían una mentalidad más asiática sobre el espacio personal, puede haber albergado a más de 70 personas. Jerome Murphy-O'Connor comparó seis villas de la época romana y encontró que el tamaño promedio del atrio era de casi 74 metros cuadrados.[27] Con una capacidad de medio metro cuadrado por persona, podría albergar aproximadamente 130 personas. Lucas registró que 120 creyentes estaban reunidos en el aposento alto de una casa (Hechos 1:13, 15, 2:1-2).

En *The Tipping Point*, Malcolm Gladwell citó al antropólogo británico Robin Dunbar sobre la Regla de 150: «La cifra de 150 parece representar el número máximo de personas con las que podemos tener una relación verdaderamente social, el tipo de relación que va con saber quiénes son y cómo se relacionan con nosotros».[28] Dunbar señaló, por ejemplo, que las unidades militares generalmente se mantienen por debajo de 150 porque «las órdenes pueden ser ejecutadas y el comportamiento rebelde controlado sobre la base de lealtades personales y contactos directos de hombre a hombre».[29] Otro ejemplo citado fueron los Huteritas, rama comunal anabaptista, que durante cientos de años han tenido una política estricta de dividir una colonia en dos cuando se acerca a 150 personas. Los Huteritas descubrieron que, con un número mayor, la gente se dividía y enajenaba. El líder Huterita, Bill Gross, opinó que: «Mantener las cosas por debajo de 150 parece ser la mejor y más eficiente manera de manejar a un grupo de personas...

---

[25] Dennis, *ESV Study*, 2217.

[26] Synder, *Church Life*, 70. Al impluvio (estanque) se le pusieron azulejos y se le agregaron bancos alrededor de las paredes. Además, se eliminó una pared entre las habitaciones contiguas, creando así una superficie de 66 metros cuadrados. Se agregó un área elevada en la parte delantera. No está claro si era para un podio.

[27] Jerome Murphy-O'Connor, *Saint Paul's Corinth: Texts and Archaeology* (Collegeville, MN: Liturgical Press, 2002), 180.

[28] Malcom Gladwell, *The Tipping Point* (New York: Little, Brown and Company, 2002), 179.

[29] Ibid., 180, 182, 186.

Cuando las cosas se hacen más grandes que eso, las personas se vuelven extraños entre sí». Dijo que a medida que una colonia se acerca a 150, «hay dos o tres grupos dentro del grupo más grande. Eso es algo que realmente intentas evitar, y cuando sucede es un buen momento para ramificarse».[30] Gladwell concluyó: «El tamaño de un grupo es otro de esos factores contextuales sutiles que pueden marcar una gran diferencia... Cruzar la línea 150 es un pequeño cambio que puede marcar una gran diferencia».[31]

Cuando las congregaciones del primer siglo crecieron, obviamente no erigieron edificios cada vez más grandes. En cambio, se multiplicaron, formando continuamente líderes y enviando subgrupos para plantar nuevas iglesias. Siguiendo este enfoque, en lugar de crear una congregación cada vez más grande, nuestro objetivo debe ser comenzar nuevas iglesias pequeñas que comiencen otras iglesias pequeñas.[32] Las pequeñas iglesias se alinean mucho con el tamaño de las iglesias apostólicas que se reunían en las villas romanas.

Perspectiva

Las iglesias pequeñas tienen tanto ventajas como desventajas. Ellas pueden aprovechar sus fortalezas relacionales incorporando varias estrategias de crecimiento de la iglesia primitiva (ver capítulos anteriores). Según la investigación del Grupo Barna, las personas menores de 35 años son el grupo más propenso a considerar asistir a una iglesia pequeña. Su deseo es ser conocidos y sentirse conectados. Esto puede ser más difícil de lograr en iglesias más grandes. Por otro lado, las personas con niños a menudo buscaban una iglesia que ofreciera un ministerio infantil impresionante. Esos programas requieren financiación para instalaciones de primera clase y la contratación de

---

[30] Ibid., 181.

[31] Ibid., 182–183.

[32] Recurso útil: *Becoming a Level Five Multiplying Church Field Guide* by Wilson & Ferguson (Exponential Resources, 2015).

personal competente. Esto sería económicamente difícil para las iglesias más pequeñas.[33] Sin embargo, la mayoría de las iglesias pequeñas no siguen las estrategias de crecimiento de la iglesia primitiva mencionadas anteriormente. La adopción de estas estrategias supone una gran diferencia para atraer y retener a las personas.

Llevar a una iglesia pequeña a adoptar las prácticas eclesiásticas tempranas resultará en bendición. Fomentará el crecimiento espiritual. Probablemente creará un entusiasmo contagioso que conducirá al crecimiento numérico. La tentación es disfrutar de este crecimiento, permitiendo que la iglesia original llegue a ser mucho más grande que una iglesia típica de la época apostólica. En lugar de perseguir el crecimiento continuo de una sola congregación, el objetivo debería ser mantener el ejemplo del Nuevo Testamento de multiplicar iglesias del tamaño de una villa romana. La reproducción debe ser incorporada en el ADN de la iglesia. Hay una necesidad de enseñar continuamente a los hombres a ser líderes en sus hogares y en la iglesia. Hay que capacitar a nuevos líderes desde adentro. Una vez que el liderazgo esté establecido, una parte considerable de la iglesia original debe ser enviada para comenzar otra pequeña iglesia.

Práctica

Estratégicamente pequeña: Adrian Rogers, pastor de una mega iglesia bromeó con aquellos de su congregación que preferían una iglesia más pequeña: «Simplemente siéntese en una de las primeras diez filas y no miren hacia atrás!»[34] Sin embargo, una verdadera ventaja para las iglesias pequeñas reside en estar posicionadas para cosechar beneficios estratégicos a través de la adopción de las estrategias de crecimiento de la iglesia primitiva para las iglesias pequeñas. Esto incluye la adoración participativa, la Cena semanal del Señor (*ágape*), una

---

[33] "Small Churches Struggle to Grow Because of the People They Attract," Barna.org, accedido el 1 de Septiembre de 2016.

[34] Adrian Rogers, *Adrianisms* (Collierville, TN: Innovo Publishing, 2015), 266.

pluralidad de ancianos como iguales que lideran con el amor sirviente de Cristo, un compromiso con el consenso congregacional y una comprensión de la importancia vital de hacer discípulos enseñando regularmente a la gente a observar todo lo que Jesús mandó. Las pequeñas iglesias que siguen los caminos de la iglesia primitiva están en una buena posición para ofrecer lo que muchos están buscando: comunión genuina, relaciones duraderas y transparentes, y menos política.

Casas de Iglesia: Una casa de iglesia no es la iglesia; es sólo un cobertizo para las ovejas. Por ello Donald Guthrie concluyó: «La expresión 'en la iglesia' (en *ekklésia*) ... se refiere a una asamblea de creyentes. No hay ninguna sugerencia de una edificación especial. De hecho, la idea de una iglesia como edificio es totalmente ajena al Nuevo Testamento.»[35] Es interesante que el Nuevo Testamento esté desprovisto de instrucciones para la construcción de edificios especiales para el culto. Esto es muy diferente a la legislación mosaica, que contenía planos muy exactos para el tabernáculo. Cuando los escritores del Nuevo Pacto abordaron este tema, señalaron que los creyentes mismos son el templo del Espíritu Santo: piedras vivas que se unen para constituir una casa espiritual con Jesucristo como la principal piedra angular (1 Ped. 2:4-5; Efe. 2:19-22; 1 Cor. 3:16, 6:19). El profesor inglés itinerante de la Biblia Arthur Wallis dijo: «En el Antiguo Testamento, Dios tenía un santuario para Su pueblo; en el Nuevo, Dios tiene a Su pueblo como un santuario.»[36] El pastor Bautista del Sur John Havlik ofreció estas palabras penetrantes: «La iglesia nunca es un lugar, sino siempre un pueblo; nunca un redil, sino siempre un rebaño; nunca un edificio sagrado, sino siempre una asamblea de creyentes. La iglesia es usted quien ora, no donde usted ora. Una estructura de ladrillo o mármol no puede ser la iglesia más de lo que su ropa de sarga o satín puede ser usted. No hay en este mundo... ningún

---

[35] Guthrie, *Theology*, 744.
[36] Arthur Wallis, *The Radical Christian* (Rancho Cordova, CA: City Hill Publishing, 1987).

santuario del ser humano más que el alma.»[37]

Algunos cristianos ponen demasiado énfasis en las edificaciones de iglesia. San Bernardo de Clairvaux escribió: «No voy a detenerme en la inmensa altura de sus iglesias, en su longitud inconcebible, en su anchura absurda, en sus paneles ricamente pulidos, todo lo cual distrae los ojos del adorador y obstaculiza su devoción. Gastan dinero en sus decoraciones... sus candelabros tan altos como los árboles, grandes masas de bronce de exquisita artesanía y tan deslumbrantes con sus piedras preciosas, como las luces que las superan, ¿cuál crees que es el propósito de todo esto? ¿Derretirá el corazón de un pecador y no lo mantendrá mirando con asombro? ¡Oh vanidad de vanidades—no, locura en vez de vanidad!»[38]

Se necesita la debida diligencia antes de gastar cantidades exorbitantes en la adquisición de edificios eclesiásticos que estarán vacíos la mayor parte de la semana. Este dinero podría ser gastado mejor en hacer discípulos, evangelismo, benevolencia o en el apoyo a pastores y misioneros. Charles Spurgeon preguntó: «¿Necesita Dios una casa? El que hizo los cielos y la tierra, ¿habita en templos hechos de manos? ¡Qué ignorancia tan absurda es esta! Ninguna casa bajo el cielo es más santa que el lugar donde el cristiano vive y come y bebe y duerme y alaba al Señor en todo lo que hace, y no hay adoración más celestial que la que ofrecen las familias santas dedicadas al temor del Señor.»[39] La verdadera cuestión, por lo tanto, no es dónde se reúne una iglesia, sino dónde y cómo puede hacer mejor lo que Dios requiere de ella.

Iglesias en casa: Bajo las circunstancias adecuadas, una casa privada puede ser el escenario ideal para una reunión de la iglesia. J. Vernon McGee predijo: «Como la iglesia comenzó en el hogar, va a volver al hogar.»[40] El entorno hogareño más pequeño fomenta amistades genuinas. La celebración de la Cena del Señor como una comida

---

[37]   John Havlik, *People-Centered Evangelism* (Nashville: Broadman, 1971), 47.

[38]   David Knowles, *The Monastic Orders in England* (Cambridge: Cambridge University Press, 1950), 82.

[39]   Charles Spurgeon, sermón, "Building the Church," Abril 5 de 1874.

[40]   J. Vernon McGee, *Thru the Bible: Philippians and Colossians* (Nashville: Thomas Nelson, 1991), 190.

de comunión en este ambiente relajado, tranquilo y confortable ayuda a construir la unidad y el amor. Una casa no es lo suficientemente grande para dar cabida a un gran número de personas. Así, el culto participativo en el que cada persona contribuye de acuerdo con sus dones espirituales es mucho más íntimo y significativo. El reunirse en una vivienda privada adecuada es un buen uso de los escasos recursos financieros. La participación y el ministerio de cada miembro eran muy valorados y alentados en la iglesia primitiva. Así, una casa grande sigue siendo un marco en el que cada persona puede contribuir y funcionar cómodamente para la edificación de todo el cuerpo de Cristo. Las iglesias en casa pueden ser expresiones sencillas, maravillosas, con los pies en la tierra (pero tocando el cielo) de la vida de la iglesia del nuevo pacto. Otra ventaja de una iglesia que se reúne en un hogar es que el dinero que normalmente se destinaría al alquiler se puede utilizar para apoyar a un pastor.

El profesor Peter Davids de la Universidad Bautista de Houston y el pastor bautista alemán Siegfried Grossmann ofrecieron esta visión estudiada: «El testimonio del Nuevo Testamento es claro: el espacio de vida de la iglesia era la casa. Consideramos que el desarrollo histórico-eclesial es un paso atrás de la relación hacia la religión. Hoy en día ha estallado un nuevo deseo de una comunión cara a cara. Durante demasiado tiempo hemos visto exclusivamente los servicios eclesiásticos formales como el centro de la iglesia y descuidado nuestra vida concreta juntos en las casas. No podemos imitar servilmente lo que sucedió antes, pero debemos ser desafiados de nuevo por esta estructura fundacional de la iglesia como una red de iglesias domésticas. Vemos los siguientes desafíos concretos: La Iglesia necesita comunión cara a cara. La iglesia debe atreverse a separar la vida cotidiana de la vida de la iglesia. La Iglesia necesita estructuras a través de las cuales se pueda fomentar la realidad de la vida concreta. La iglesia debe mantener el equilibrio entre el entregar la palabra y el entregar la vida.»[41]

---

[41] Davids and Grossmann, "House."

Muchas casas modernas son demasiado pequeñas para albergar suficientes creyentes como para tener la fortaleza de una iglesia en casa tipo villa romana del primer siglo. En una típica iglesia en casa occidental moderna, nadie está calificado para servir como un anciano. Además, nadie tiene tiempo libre para dedicarse constantemente a la enseñanza a fondo. La reproducción de nuevas iglesias en casa se verá obstaculizada debido a la escasez crítica de líderes calificados (el Espíritu Santo no estableció suficientes pastores-maestros para tantas micro iglesias subbíblicas). Carente tanto de liderazgo calificado como de enseñanza profunda, la iglesia en casa se convierte en algo así como un club «bendíceme». La comunión del *ágape* es maravillosa, la adoración es maravillosa y los niños se divierten jugando juntos. Sin embargo, no hay un discipulado significativo. El alcance misionero es mínimo. Por lo tanto, es importante evitar el error de pensar *demasiado* pequeño. Incluso si la casa es lo suficientemente grande como para albergar a decenas de personas, los vecinos no estarán contentos si las calles circundantes se ahogan con el tráfico cada día del Señor. Muchas áreas han aprobado ordenanzas de zonificación contra las iglesias en los hogares por esta razón. Esta situación se agrava por el hecho de que muchos miembros de la sociedad perciben a las iglesias en casa como una secta. Además, el creyente típico no las toma en serio. Tal vez lo peor de todo es su tendencia a atraer un porcentaje inusualmente alto de «discípulos» que son antiautoritarios y socialmente disfuncionales, que abrazan teologías aberrantes o tienen problemas secundarios que no sueltan, por los cuales se han separado de otros creyentes (separatismo).

En resumen, lograr lo que la iglesia primitiva logró podría requerir no reunirse en una casa. Un equivalente dinámico podría ser más apropiado. Por lo tanto, el énfasis debe estar en seguir el principio general del Nuevo Testamento de iglesias más pequeñas, no el simplemente reunirse en casas. Para que una iglesia funcione tan eficazmente como la iglesia primitiva, el tamaño y la disposición del edificio deben ser considerados cuidadosamente. Idealmente, el edificio debe sentirse como en casa. Debe estar diseñado para albergar una congregación relativamente pequeña, y la disposición de los asientos debe ser flexible. Debido a que comer juntos era una parte importante de las reuniones de la iglesia primitiva, esta debe tener un área de preparación de alimentos (p.ej., un fregadero, un mostrador largo, un refrigerador, etc.) y un área de comedor. Para ayudar a las familias con niños pequeños, debe tener un área de guardería y áreas seguras de juegos interiores y exteriores. Debería haber un parqueadero amplio.

Para superar las limitaciones de las casas occidentales modernas, que son más pequeñas que las villas romanas, los ancianos de las diversas iglesias de una zona podrían reunirse semanalmente como una especie de presbiterio. Los pastores especialmente dotados en la enseñanza podrían ofrecer una enseñanza centralizada a mitad de la semana y abierta a todas las iglesias en casa. Las congregaciones en casa también podrían reunirse en una instalación grande, alquilada mensualmente o trimestralmente para la adoración y el animarse mutuamente.

Muchos pensadores avanzados sospechan que la iglesia occidental está en el camino hacia la persecución. Por ejemplo, las enseñanzas bíblicas contra la homosexualidad serán vistas como discursos de odio. Los medios de comunicación retratarán a los cristianos como intolerantes de derecha que están en el lado equivocado de la historia. La exención fiscal de las iglesias podría ser revocada por la legislación gubernamental cuando la libertad sexual prevalezca sobre la libertad religiosa (el poder de gravar impuestos es el poder para destruir). En tiempos de persecución, reunirse en domicilios privados es una opción atractiva.

Pastores Bivocacionales: El presidente del Seminario Bautista del Sureste, Danny Aiken, opinó que a medida que el número de cristianos disminuye en Occidente, las iglesias en casa son la ola del futuro. Además, aconseja a los seminaristas que se preparen para ser bivocacionales.[42] El ministerio bivocacional era la norma en los tiempos del Nuevo Testamento. La declaración de Jesús de que hay más bendición en dar que recibir es famosa; sin embargo, el contexto es mucho menos conocido. Estas palabras no aparecen en ninguno de los cuatro Evangelios. Fueron citadas por Pablo en una conferencia de pastores. Pablo asumió que la mayoría de los pastores se ganaría la vida con trabajos regulares, tal como él lo hizo. Por lo tanto, serían los *dadores* de plata y oro a la iglesia en lugar de los receptores: «No he codiciado ni la plata ni el oro ni la ropa de nadie. Ustedes mismos saben bien que estas manos se han ocupado de mis propias necesidades y de las de mis compañeros. Con mi ejemplo les he mostrado que es preciso trabajar duro para ayudar a los necesitados, recordando las palabras del Señor Jesús: 'Hay más dicha en dar que en recibir'» (Hechos 20:33–35).[43]

Los pastores sienten una gran carga para hacer discípulos. Se identifican con Jeremías, quien dijo: «Si digo: "No me acordaré más de él, ni hablaré más en su nombre", entonces su palabra en mi interior se vuelve un fuego ardiente que me cala hasta los huesos. He hecho todo lo posible por contenerla, pero ya no puedo más» (Jer. 20:9).[44] Esta carga crea la tensión expresada por un pastor bivocacional que escribió: «Salgo de casa a las 5:30 a.m. y regreso a las 5:30 p.m. Mientras veo a la gente a mi alrededor como un campo abierto para el ministerio, tanto de mi tiempo se consume en actividades comerciales que siento que hay algo más allá de todo esto que atrae mi mente perpetuamente hacia ello.»[45] Tal vez se puede encontrar consuelo en el ejemplo de Pablo. Él fue el evangelista, plantador de iglesias y hacedor de discípulos número uno de Dios. Sin embargo, Dios, en su soberanía, sintió que

---

[42] Conversación personal con el autor en la conferencia Feed My Sheep, Atlanta, Mayo 9 de 2014.

[43] Santa Biblia, NUEVA VERSIÓN INTERNACIONAL® NVI® © 1999, 2015 por Biblica, Inc.®, Inc.® Usado con permiso de Biblica, Inc.®

[44] Santa Biblia, NUEVA VERSIÓN INTERNACIONAL® NVI® © 1999, 2015 por Biblica, Inc.®, Inc.® Usado con permiso de Biblica, Inc.®

[45] Correspondencia por correo electrónico entre el autor y el pastor sudafricano Chad Hutchinson.

hacer tiendas era un buen uso del tiempo de Pablo. En Su sabiduría divina, Dios también juzgó que sería mejor para Pablo pasar gran parte de su tiempo en la cárcel, incapaz de hacer «la obra del Señor.» Sin embargo, si no fuera por el tiempo de Pablo en la cárcel, la iglesia no habría tenido sus epístolas desde la prisión. Nuestra idea y la idea de Dios de la obra del Señor pueden ser diferentes. Ninguno de nosotros conoce la obra que Dios está haciendo en nuestras vidas para prepararnos para lo que viene después. ¿Estamos en los lugares a los que Él nos ha llamado a servir? Si es así, ¿qué otra cosa podemos hacer sino seguir siendo fieles y permanecer donde estamos? Jesús prometió construir la iglesia. Descansemos en la soberanía de Dios.

Pequeño en gran manera: Los pastores desean profundamente ver a sus iglesias crecer espiritual y numéricamente. Quieren alcanzar a las personas con el Evangelio y ver vidas transformadas. Una iglesia pequeña llena de la vida de Cristo que adopta las prácticas de la iglesia primitiva es más probable que crezca espiritual y numéricamente. A medida que las necesidades de las personas son satisfechas mientras caminan más cerca de Cristo, se emocionan y no pueden dejar de hablar a otros acerca de Cristo y Su Iglesia. Las iglesias crecientes aman y las iglesias amorosas crecen.

La tentación será permitir que una pequeña iglesia crezca siendo cada vez más grande. Sin embargo, a partir de un cierto tamaño, una iglesia comenzará a perder la ventaja de una iglesia pequeña. Seguir las prácticas del Nuevo Testamento será cada vez más difícil. La iglesia se convertirá en víctima de su propio éxito. La solución es mantener intencionalmente la iglesia relativamente pequeña a través de la multiplicación de iglesias pequeñas, la formación continua de nuevos líderes y el despliegue de las mejores personas para iniciar nuevas congregaciones. El objetivo es crear pequeñas iglesias dinámicas que inicien otras pequeñas iglesias dinámicas, que inicien a su vez otras pequeñas iglesias dinámicas.

Debemos celebrar la multiplicación de las iglesias pequeñas y medir el éxito por la multiplicación en lugar de la adición. El consultor de crecimiento de iglesias Bill Easum sugiere: «El éxito no debe medirse solamente por nuestra asistencia a la adoración. El éxito también debe medirse por el número de personas que enviamos y liberamos para el ministerio».[46] Hay 400.000 iglesias en EE.UU. con un tamaño promedio de 100 personas.[47] Si tan sólo el diez por ciento comienza una nueva iglesia en los próximos cinco años, eso equivaldría a 40.000 nuevas iglesias. ¡Esto si es algo para emocionarse!

Las iglesias más pequeñas tienen ventajas estratégicas de tamaño divinamente diseñadas para un ministerio eficaz: cercanía, intimidad, refrescante simplicidad, facilidad de multiplicación, el ministerio de unos a otros, relaciones cara a cara, la Cena del Señor como una comida *ágape*, menos burocracia, menos dolor de cabeza por su gestión, disciplina eclesiástica, adoración participativa significativa, y el logro de consensos. Después de todo: «…Dios escogió lo insensato del mundo para avergonzar a los sabios, y escogió lo débil del mundo para avergonzar a los poderosos. También escogió… lo que no es para nada, para anular lo que es, a fin de que en su presencia nadie pueda jactarse» (1 Cor. 1:27-29).[48]

Preguntas para debate

1. ¿Cuál es la evidencia de que la persecución no fue la única razón por la cual la iglesia primitiva se reunía en casas?

2. Algunos sostienen que las iglesias del tamaño de una villa romana fueron características de la iglesia en su infancia. Era correcto y natural, argumentan, que cada iglesia madurara más allá de los confines de una casa y construyera lugares de reunión cada vez más grandes. ¿Qué piensa al respecto?

---

[46] Bill Easum, "Ripples of Multiplication," m.exponential.org, accedido el 31 de Agosto de 2016.

[47] Bob Roberts, "Multiplication Essentials," m.exponential.org, accedido el 31 de Agosto de 2016.

[48] Santa Biblia, NUEVA VERSIÓN INTERNACIONAL® NVI® © 1999, 2015 por Biblica, Inc.®, Inc.® Usado con permiso de Biblica, Inc.®

3. ¿Eran las congregaciones más pequeñas meramente un hecho incidental de la historia, o eran una parte decidida del plan para el ministerio eficaz de la iglesia? ¿Por qué?

4. ¿Por qué los apóstoles podrían haber establecido un patrón deliberado de iglesias pequeñas?

5. ¿Cuáles son las ventajas y desventajas prácticas de reunirse en una casa?

6. ¿Cuáles podrían ser los efectos psicológicos del tamaño de una congregación en una reunión de la iglesia y en los asistentes?

7. ¿Cómo afectaría el número de personas involucradas la capacidad de una iglesia para tener una reunión participativa o para alcanzar un consenso congregacional?

8. ¿Qué ventajas para el crecimiento y la reproducción podrían tener las iglesias en casa sobre las comunidades que tienen que construir casas de iglesia?

9. ¿Qué se debe hacer en una situación en la que una casa es demasiado pequeña para albergar una reunión de la iglesia?

10. ¿Cómo crecieron las iglesias del Nuevo Testamento numéricamente y continuaron al mismo tiempo reuniéndose en hogares privados?

NTRF.org tiene audios, videos y una guía de discusión para maestros sobre la teología de la iglesia pequeña.

Estrategia #6

Estrategia de Tradición para el Éxito

Jesús no nos dejó solos preguntándonos sobre la mejor eclesiología. A través de los apóstoles Jesús equipó a los primeros cristianos con tradiciones eternas del Nuevo Testamento para el éxito en el ministerio. *¿Por qué debería importarle hacer la iglesia a la manera del primer siglo?* El logro potencial de los propósitos de Dios para Su cuerpo espera de su participación si usted adopta los ejemplos dados a nosotros en el Nuevo Testamento. En vista de la relación única entre Jesús y Sus apóstoles debemos tener cuidado de no descuidar las prácticas de la iglesia que ellos modelaron. Son estrategias para el éxito.

Beneficios

Según Stanley Greenslade, profesor evangélico de historia de la iglesia en la Universidad de Oxford, «La iglesia existe para promover la adoración de Dios, la vida interior del espíritu, la evangelización del mundo y la formación de la sociedad según la voluntad de Dios».[1] Jesús sabía cuáles eran las mejores maneras de lograr estos propósitos. Los apóstoles deliberadamente modelaron estas prácticas para nosotros en las iglesias que fundaron. Su ejemplo tenía la intención de constituir una práctica eclesiástica normal y universal. Dios le dio a Israel un patrón claro para el Tabernáculo y la adoración en el Antiguo Pacto. ¿Qué modelo dio Él para la adoración en el Nuevo Pacto? El templo espiritual de Dios debe construirse sobre la principal piedra angular, tanto en la doctrina como en la práctica sana. Adoptar los caminos de los Apóstoles permite de mejor manera al Espíritu crear unidad, comunidad, compromiso y amor en un cuerpo de creyentes. Las iglesias crecientes aman y las iglesias amorosas crecen.[2]

Suposición

Los líderes de la iglesia tienen dos opciones para la eclesiología. Una es adoptar los caminos de los apóstoles. La otra es seguir un camino de su propia elección. Con respecto a la precedencia histórica, Gordon Fee y Douglas Stuart, en *How to Read the Bible for All It's Worth*, declaran: «Nuestra suposición, junto con muchos otros, es que a menos que la Escritura nos diga explícitamente que debemos hacer algo, lo que simplemente se narra o describe nunca puede funcionar de una manera normativa.»[3] Nadie, por ejemplo, abogaría siguiendo el trágico ejemplo de Jefté en Jueces 11:29ss. Sin embargo, cuando se trata de la práctica de la iglesia, Fee y Stuart también señalaron que «casi todos los cristianos bíblicos tienden a tratar los precedentes como si tuvieran autoridad normativa en algún grado u otro».[4] ¿Qué

---

[1]   *Encyclopedia Britannica*, 14th ed. (1973), s.v. "Early Christian Church."

[2]   Adrian Rogers, *Adrianisms* (Collierville, TN: Innovo Press, 2015), 271.

[3]   Gordon Fee and Douglas Stuart, *How to Read the Bible for All Its Worth,* 2nd ed. (Grand Rapids: Zondervan, 1982), 97.

[4]   Gordon Fee and Douglas Stuart, *How to Read the Bible for All Its Worth,* 4th ed. (Grand Rapids: Zondervan, 2014), 124.

evidencia hay de que las tradiciones del Nuevo Testamento para la práctica de la iglesia no fueron «simplemente» descritas en la Escritura, sino que estaban destinadas a funcionar de una manera normativa?

Prueba #1—Seguir la Tradición es loable

1 Corintios 11-14 constituye una sección de cuatro capítulos sobre la práctica de la iglesia. En este pasaje, Pablo revela su actitud sobre el seguimiento de sus tradiciones eclesiológicas: «Los alabo porque en todo se acuerdan de mí y guardan las tradiciones con firmeza, tal como yo se las entregué» (1 Cor. 11:2).[5] Elogió a la iglesia de Corinto por aferrarse a sus tradiciones.

El griego para «tradiciones», *paradosis*, significa «aquello que se transmite».[6] Difiere de la palabra griega para «enseñar» (*didaché*). En su comentario sobre 1 Corintios, Gordon Fee señaló que en el contexto de 1 Corintios 11, *paradosis* se refiere específicamente a las tradiciones religiosas relativas al culto.[7] Esta misma palabra griega en forma de verbo se encuentra unos pocos párrafos después en relación a la práctica de la Cena del Señor – que fue «transmitida» de Pablo a la iglesia (11:23).

Es significativo que la palabra «tradiciones» en 1 Corintios 11:2 sea plural. Pablo claramente tenía en mente que se trata de más de una tradición en 1 Corintios 11a.[8] Las palabras «tal como» en 11:2 indican el grado de cumplimiento de estas tradiciones: *exactamente* como se les ha transmitido. Pablo alabó a la iglesia por aferrarse de manera precisa a sus tradiciones con respecto a la adoración. Él probablemente

[5] Nueva Biblia de las Américas (NBLA), Nueva Biblia de las Américas™ NBLA™ Copyright © 2005 por The Lockman Foundation.

[6] Bauer, Arndt, Gingrich, Danker, *Greek-English Lexicon of the New Testament* (Chicago: University of Chicago Press, 1979), 615.

[7] Gordon Fee, "The First Epistle to the Corinthians," *New International Commentary on the New Testament* (Grand Rapids: Eerdmans, 1987), 499.

[8] Ibid., 500.

sentiría lo mismo acerca de nuestras iglesias siguiendo las tradiciones que estableció para la práctica de la iglesia.

La legislación mosaica tiene un carácter paradigmático. Fueron casos de jurisprudencia. Sólo unos pocos ejemplos legales fueron registrados por Moisés. Se esperaba que los israelitas aplicaran estos estudios de casos a otras esferas de la vida no mencionadas específicamente. Del mismo modo, sostenemos que la adhesión a la tradición apostólica es de naturaleza paradigmática. Si observamos que los apóstoles estaban contentos cuando una iglesia seguía una tradición específica de la práctica de la iglesia (1 Corintios 11:2), entonces se espera que apliquemos esa aprobación a otros patrones que vemos modelados por los apóstoles en su establecimiento de iglesias. La iglesia, la Novia de Cristo, es demasiado eternamente importante como para permitirle desviarse de las tradiciones establecidas por el Señor y Sus apóstoles.

Por supuesto que, no todas las tradiciones religiosas son buenas. La tradición de los fariseos minó los mandamientos de Dios. La misma palabra usada por Pablo en 1 Corintios 11:2 también fue usada por Jesús cuando preguntó a los fariseos: «¿Y por qué ustedes quebrantan el mandamiento de Dios a causa de la tradición (*paradosis*)?» (Mt. 15:3).[5] En contraste, Pablo bendijo a los corintios por seguir sus tradiciones. Las tradiciones apostólicas son coherentes con las enseñanzas de Cristo. Por lo tanto, aferrarse a las tradiciones de los apóstoles es loable, tal como se ve en la alabanza de Pablo a la iglesia corintia (11:2).

Prueba #2—Guardar la Tradición era lo Esperado

Se esperaba que las iglesias del Nuevo Testamento siguieran las tradiciones apostólicas para la práctica de la iglesia. En la sección de cuatro capítulos sobre la práctica de la iglesia mencionada anteriormente (1 Cor. 11-14), Pablo apaciguó a los que no estaban de acuerdo con sus tradiciones apelando a la práctica universal de todas las demás iglesias: «Si alguien insiste en discutir este asunto, tenga en cuenta que nosotros no tenemos esta costumbre, ni tampoco las iglesias de Dios» (1 Cor. 11:16).[9] Esta declaración tenía por objeto resolver cualquier objeción. Pablo esperaba que todas las iglesias hicieran las mismas cosas. Sólo darse cuenta de que una era diferente, era argumento suficiente para silenciar a la oposición. Evidentemente, antes se había hecho hincapié en determinadas prácticas que *se suponía debían aplicarse de la misma manera en todas partes*. Esto indica una uniformidad de la práctica en todas las iglesias del Nuevo Testamento.

En 1 Corintios 14:33b-35, Pablo se refirió a otra cosa que era universal: «Como *en todas las iglesias* de los santos, las mujeres guarden silencio en las congregaciones» (cursiva mía).[10] Pablo nuevamente apeló a un modelo universal que existía en todas las iglesias como base para la obediencia.[11] El punto a observar es que se esperaba que todas las iglesias siguieran las mismas prácticas en sus reuniones.

Los corintios fueron tentados a hacer las cosas de manera diferente a las otras iglesias. Así, después de detallar cómo debían llevarse a cabo los servicios de adoración, Pablo los reprendió: «¿Acaso la palabra de Dios procedió de ustedes? ¿O son ustedes los únicos que la han recibido?» (1 Corintios 14:36).[9] La respuesta obvia a ambas preguntas es *no*. Estas dos preguntas fueron diseñadas para mantener a los corintios en línea con la práctica de todas las otras iglesias. No tenían la autoridad para desviarse de las tradiciones de la iglesia establecidas por los apóstoles. En el primer siglo se esperaba la adhesión a las tradiciones apostólicas (los modelos de la iglesia del Nuevo Testamento).

---

[9] Santa Biblia, NUEVA VERSIÓN INTERNACIONAL® NVI® © 1999, 2015 por Biblica, Inc.®, Inc.® Usado con permiso de Biblica, Inc.® Reservados todos los derechos en todo el mundo.

[10] Reina Valera Actualizada (RVA-2015), Version Reina Valera Actualizada, Copyright © 2015 by Editorial Mundo Hispano.

[11] Para ayuda con la interpretación de 1. Corintios 14:33b-35, véase "Women: Silent in Church" en NTRF.org.

Tal vez debería ser hoy también así. Debemos preguntarnos: ¿Vino la palabra de Dios de nuestras iglesias? ¿Son nuestras iglesias las únicas a las que ha llegado? Si la iglesia corintia no tenía autoridad para desviarse de las tradiciones de los apóstoles, entonces nosotros tampoco.

Prueba #3—Guardar las Tradiciones es un Mandato

Aunque las tradiciones apostólicas hacen la historia interesante, muchos piensan que seguirlas es opcional. Entonces, ¿qué debemos hacer con 2 Tesalonicenses 2:15, que en realidad nos *ordena* «estar firmes y conservar las tradiciones»?[12] Parece que no sólo debemos adherirnos a las *enseñanzas* apostólicas, sino también a las tradiciones *apostólicas* (como se revela exclusivamente en las páginas de la Escritura).[13]

El contexto general de 2 Tesalonicenses 2:15 se refiere a la tradición de enseñanza de los apóstoles concerniente a los acontecimientos de los últimos tiempos, no a la práctica de la iglesia *en sí*. Sin embargo, la palabra «tradiciones» (2:15) vuelve a ser plural. El autor claramente tenía en mente más tradiciones que la simple tradición de enseñar acerca de la segunda venida. ¿No se aplicaría en principio este mandamiento también a sus tradiciones con respecto al orden de la iglesia, las cuales están modeladas en el Nuevo Testamento? Debemos seguir las tradiciones de los apóstoles, no sólo en su teología, sino también en su práctica.

Una actitud similar hacia las tradiciones se expresa en el capítulo siguiente: «Hermanos, en el nombre de nuestro Señor Jesucristo, les ordenamos que se aparten de todo hermano que esté viviendo como un vago y no según las enseñanzas (la tradición) recibidas de nosotros. Ustedes mismos saben cómo deben seguir nuestro ejemplo...» (2 Tes.

---

[12] Modo imperativo en griego.

[13] Hay que distinguir entre la tradición apostólica registrada en las páginas del Nuevo Testamento y la tradición histórica posterior de la Iglesia Católica y de la Iglesia Ortodoxa.

3:6-7).[14] La palabra «tradición» aquí se refiere claramente a la práctica más que a la doctrina. Está claro que los apóstoles querían que las iglesias siguieran sus tradiciones *tanto de* la teología *como* de la práctica. ¿Deberíamos limitar esas tradiciones apostólicas que seguimos *sólo* a los hábitos de trabajo?

Prueba #4—Seguir las Tradiciones es Lógico

Es lógico—simplemente tiene sentido— seguir las tradiciones de la práctica de la iglesia de los apóstoles (como se registran en las Escrituras). Si alguien realmente entendió el propósito de la iglesia, seguramente fueron los apóstoles. Ellos fueron escogidos y entrenados personalmente por Jesús durante tres años. Después de Su resurrección, nuestro Señor se les apareció por un período de cuarenta días (Hechos 1:3). Jesús envió entonces al Espíritu Santo para enseñarles cosas que Él no les había enseñado (Jn. 14-16). Pablo recibió más revelación de Jesús durante sus catorce años en el desierto. Las cosas que Jesús enseñó a estos hombres acerca de la iglesia se reflejaron naturalmente en la manera en que ellos establecieron y organizaron las iglesias.

La carta de Pablo a Tito se refería directamente a la práctica de la iglesia: «Te dejé en Creta para que pusieras en orden lo que quedaba por hacer y en cada pueblo nombraras ancianos de la iglesia, de acuerdo con las instrucciones que te di» (Tito 1:5).[14] Es evidente de este pasaje que los apóstoles tenían una forma definida en la que querían que se hicieran las cosas con respecto a la práctica de la iglesia. No se dejaba a cada asamblea individual el descubrir su propio camino. Obviamente había un «orden», patrón o tradición definida que se siguió en la organización de las iglesias. De manera similar, en 1 Corintios 11:34 (otro pasaje sobre la práctica de la iglesia), Pablo escribió, «Los demás asuntos los *arreglaré* cuando los visite»[14] (cursiva mía).

Es lógico—simplemente tiene sentido—preferir las tradiciones eclesiásticas de los apóstoles. Si los apóstoles regresaran y vieran cómo funcionan las iglesias modernas, ¿se sentirían complacidos o afligidos?

Pablo se ofreció con valentía como ejemplo a seguir en su servicio fiel a Cristo: «Por tanto, les ruego que sigan mi ejemplo. Con este propósito les envié a Timoteo... Él les recordará mi manera de comportarme en Cristo Jesús, como lo enseño por todas partes y en todas las iglesias» (1 Cor. 4:16-17).[14] Llevando esto un paso más allá, para nosotros imitar las maneras de Pablo en Cristo con respecto a la práctica de la iglesia sería una sabia elección para cualquier comunidad.

Prueba #5—Aferrarse a la Tradición Trae la Presencia Pacífica de Dios

A la iglesia de los Filipenses se le dijo cómo tener con ellos al Dios de la paz: «Pongan en práctica lo que de mí han aprendido, recibido y oído, y lo que han visto en mí, y el Dios de la paz estará con ustedes» (Flp. 4:9).[15] El contexto se refería a prácticas tales como imitar la humildad de Cristo, poner a los demás primero y regocijarse en el Señor. Por extensión, ¿no podría incluir también la forma en que Pablo organizó las iglesias? Está claro en la Escritura cómo los Apóstoles diseñaron las iglesias para funcionar. Por lo tanto, eludir la tradición apostólica en este área puede implicar eludir algunas de las bendiciones de Dios. ¿Podrían las comunidades que siguen la práctica apostólica de la iglesia disfrutar más de la presencia pacífica de Dios?

Eruditos

Los profesores Fee y Stuart reconocen que, para muchos creyentes, Hechos «no sólo nos cuenta la historia de la iglesia primitiva, sino que también sirve como modelo normativo para la iglesia de todos los tiempos».[16] Continúan, reconociendo que, los grandes movimientos y las nuevas denominaciones se han «fundado en parte sobre la premisa de que, en los tiempos modernos, virtualmente todos los modelos del Nuevo Testamento deben ser restaurados tan plenamente como sea posible».[17]

El primer teólogo bautista del sur J. L. Dagg creía que, si los apóstoles «nos enseñaron, con su ejemplo, cómo organizar y gobernar las iglesias, no tenemos derecho a rechazar su instrucción e insistir caprichosamente que nada más que mandamientos positivos nos deben obligar. En lugar de elegir caminar en una manera que nosotros mismos hemos ideado, debemos tomar placer en caminar en las huellas de aquellos hombres santos de quienes hemos recibido la palabra de vida... El respeto por el Espíritu por el cual fueron guiados, debería inducirnos a preferir sus modos de organización y gobierno por encima de los que nuestra sabiduría inferior pudiera sugerir.»[18]

El clérigo anglicano Roger Williams creía que las iglesias deberían esforzarse por seguir las formas y ordenanzas eclesiásticas del Nuevo Testamento tan de cerca como sea posible.[19] Esta creencia llevó a Williams a fundar la colonia de Rhode Island siguiendo el modelo del Nuevo Testamento de la separación entre la iglesia y el estado, y en 1638 a plantar la primera iglesia bautista en América del Norte.

Según E.H. Broadbent, historiador de la iglesia y misionero encubierto a naciones cerradas, «los acontecimientos de la historia de las iglesias en el tiempo de los apóstoles han sido seleccionados y registrados en el Libro de los Hechos de tal manera que proporcionan un patrón permanente para las iglesias. La desviación de este patrón ha

---

[16] Fee and Stuart, *Worth*, 4th ed., 112.
[17] Ibid.,130.
[18] J.L. Dagg, *A Treatise on Church Order* (Harrisonburg, VA: Gano Books, 1990), 84.
[19] Edwin Gaustad, *Liberty of Conscience: Roger Williams in America* (Grand Rapids: Eerdmans, 1991), 106.

tenido consecuencias desastrosas, y todo avivamiento y restauración se ha debido a algún regreso al patrón y los principios de las Escrituras.»[20]

Según el líder de la iglesia china Watchman Nee, «los Hechos es el 'génesis' de la historia de la iglesia, y la Iglesia en el tiempo de Pablo es el 'génesis' de la obra del Espíritu... Debemos regresar al 'principio'. Sólo lo que Dios ha expuesto como nuestro ejemplo en el principio es la eterna Voluntad de Dios. Es la norma Divina y nuestro patrón para todos los tiempos.... Dios ha revelado Su Voluntad, no sólo dando órdenes, sino haciendo que se hagan ciertas cosas en Su Iglesia, para que en los siglos venideros otros puedan simplemente mirar el patrón y conocer Su Voluntad.»[21]

Fue la firme convicción del mártir misionero Jim Elliot que «el punto de inflexión depende de si Dios ha revelado un patrón universal para la iglesia en el Nuevo Testamento. Si no lo ha hecho, entonces cualquier cosa servirá mientras funcione. Pero estoy convencido de que nada tan querido al corazón de Cristo como su Esposa debe quedar sin instrucciones explícitas en cuanto a su conducta corporativa... Me incumbe a mí, si Dios tiene un patrón para la iglesia, encontrar y establecer ese patrón, a toda costa.»[22]

El pastor y autor A.W. Tozer escribió: «La tentación de introducir 'nuevas' cosas a la obra de Dios siempre ha sido demasiado fuerte para que algunas personas se resistan. ¡La Iglesia ha sufrido un daño incalculable a manos de personas bien intencionadas pero equivocadas, que han sentido que saben más acerca de dirigir la obra de Dios que

---

[20] E.H. Broadbent, *The Pilgrim Church* (Grand Rapids: Gospel Folio Press, 1999), 26.

[21] Watchman Nee, *The Normal Christian Church Life* (Colorado Springs: International Students Press, 1969), 8–9.

[22] Elizabeth Elliot, *Shadow of The Almighty: Life and Testimony of Jim Elliot* (San Francisco: Harper & Row, 1989), 138–139.

Cristo y Sus apóstoles! Un tren sólido de vagones de carga no bastaría para arrastrar al camión religioso que se ha puesto al servicio de la Iglesia con la esperanza de mejorar el modelo original. ¡Estas cosas han sido, en conjunto, grandes obstáculos para el progreso de la Verdad, y han alterado tanto la estructura divinamente planeada por los apóstoles que, si regresaran hoy a la tierra, difícilmente reconocerían la cosa deformada en la que se ha convertido!»[23] Concluyó: «Si el Espíritu Santo fuera retirado de la iglesia de hoy, el 95 por ciento de lo que hacemos continuaría y nadie notaría la diferencia. Si el Espíritu Santo hubiera sido retirado de la iglesia del Nuevo Testamento, el 95 por ciento de lo que hicieron se detendría y todos notarían la diferencia.»[24]

Propuesta

¿Qué se puede concluir sobre el interés de Dios en que su iglesia se adhiera a los patrones del Nuevo Testamento para la práctica de la iglesia? Fee y Stuart hicieron la observación general de que lo que se narra o describe nunca puede funcionar de manera normativa. En una edición posterior de su libro, especificaron su posición un poco: «A menos que la Escritura nos diga explícitamente que debemos hacer algo, lo que sólo se narra o describe no funciona de una manera normativa (es decir, obligatoria), *a menos que pueda demostrarse por otros medios que el autor quiso que fuera de esa manera.*»[25] El propósito de este capítulo es demostrar que los apóstoles realmente tenían la intención de que las iglesias siguieran los patrones que ellos establecieron para la práctica de la iglesia. El aferrarse a sus tradiciones para la práctica de la iglesia, las cuales se practicaban universalmente en las iglesias del primer siglo, trae la presencia pacífica de Dios. Es lógico, loable e incluso fue ordenado. La pregunta por lo tanto no es: *¿Debemos*

---

[23] James Snyder, *Tozer On Worship and Entertainment* (Camp Hill, PA: Wind Hill Publisher, 1997), chap. 17.

[24] James Snyder, *Tozer On Worship and Entertainment* (Camp Hill, PA: Wind Hill Publisher, 1997), chap. 17.

[25] Fee and Stuart, *Worth*, 4th ed., 124.

hacer las cosas como se hicieron en el Nuevo Testamento? Más bien, la pregunta es, *¿por qué querríamos hacer las cosas de otra manera?*

¿Cuáles son algunas de estas antiguas tradiciones apostólicas para la práctica de la iglesia? He aquí una lista de algunas tradiciones que todavía se practican y otras descuidadas por mucho tiempo:

1. *Reunirse semanalmente el domingo, día del Señor, en honor de la resurrección de Jesús.*

2. *Bautismo del creyente por inmersión.*

3. *La separación de la iglesia y el estado.*

4. *Una pluralidad de ancianos varones con la misma autoridad y derechos liderando cada congregación.*

5. *Consenso congregacional liderado por ancianos.*

6. *Servicios de adoración y culto participativos.*

7. *Celebrar la Cena del Señor semanalmente como una comida de comunión.*

8. *Iglesias del tamaño de una villa romana (ni micro, ni mega de tamaño).*

La mayoría de las iglesias siguen algunos de estos patrones, pero no todos. *¿Por qué no?* Quizás se deba a que en el seminario se presta poca atención al papel que deben desempeñar las tradiciones apostólicas. Tal vez se deba a que la mayoría de las iglesias están firmemente arraigadas en tradiciones hechas por hombres desarrolladas mucho después de la era apostólica. Muchos pastores simplemente han adoptado las tradiciones históricas heredadas de su denominación. ¿No existe el peligro de descuidar la tradición inspirada de los apóstoles a favor de otras más modernas (Mat. 15:1-3)?

Abogamos por la coherencia. La carga de la explicación debe recaer sobre aquellos que se desvían del modelo del Nuevo Testamento,

no sobre aquellos que desean seguirlo. Esta consistencia es especialmente importante porque los apóstoles evidentemente tenían la intención de que todas las iglesias siguieran sus tradiciones *tal como* fueron
transmitidas (1 Cor. 11:2). Tal vez estos patrones de práctica de la
iglesia son la razón de lo que le dio a la iglesia primitiva la dinámica
que le falta a veces a las iglesias de hoy.

Perspectiva

Aunque todas las iglesias del primer siglo se adhirieron a las prácticas apostólicas, todavía estaban lejos de ser perfectas, como se ve en
las advertencias de Jesús a las iglesias en Apocalipsis. Sin embargo,
adoptar los caminos de los apóstoles para la vida de la iglesia es un es-
calón estratégico para poner a una comunidad en una mejor posición
para ser todo lo que Cristo quiere que sea como Su cuerpo. Estas prácticas enriquecerán su iglesia, pero no son la respuesta a todos sus problemas. Por ejemplo, sin Cristo en el centro de las cosas, los modelos
de vida de la iglesia del Nuevo Testamento se convierten en legalismo
y muerte, una forma hueca, una cáscara vacía (Jn. 15:5).

Al final de una larga vida de ministerio fiel, el profesor semina-
rista L. Reginald Barnard advirtió que uno puede tener una idea muy
bíblica de cómo la iglesia primitiva hacía las cosas y sin embargo perder por completo la idea real de la iglesia. Barnard opinó que incluso
si nuestra iglesia es idéntica al ideal apostólico, no lograríamos nada
a menos que esa iglesia fuera mucho más santa que la iglesia con la
que comenzamos.[26] El cielo no permita que, al final presentemos una
forma a Dios en lugar de un pueblo santo redimido por el Evangelio.

Debemos recordar siempre que la iglesia es la gente, el cuerpo
vivo de Cristo. Jesús murió para santificar a su esposa, presentándola

---

[26] Carta al autor, mayo 15, 1991.

a sí mismo sin mancha ni arruga, santa e irreprensible. No hay iglesia perfecta. Sin embargo, Dios hará Su obra perfecta en Su iglesia imperfecta, porque es Su iglesia.

Cuando una iglesia realmente tiene vino nuevo espiritual, la mejor práctica de la iglesia para ese vino es la tradición apostólica. Las tradiciones eclesiásticas de los apóstoles son sencillas, estratégicas y bíblicas. Las prácticas más descuidadas son las congregaciones intencionalmente más pequeñas, la adoración participativa, la celebración semanal de la Cena del Señor como una comida de comunión y el liderazgo sirviente que construye el consenso congregacional. Incorporar estas tradiciones a nuestras iglesias hoy en día puede resultar en tremendas bendiciones. Tales iglesias tienen un futuro brillante y un potencial tremendo, si sus líderes mantienen un enfoque en hacer discípulos en el contexto de la práctica de una iglesia primitiva dinámica y llena del Espíritu. ¡Es un diseño divino!

Práctica

Falta de vida: Jesús vino para que tengamos vida y la tengamos en abundancia (Jn. 10:10). Crítico para cualquier resultado de la vida de la iglesia es primero tener una vida interior con la cual trabajar. La práctica de la iglesia técnicamente correcta, sin el vino del Espíritu, es una cáscara hueca. Es madera seca, curada, apilada, sin fuego. Jesús es la vid y nosotros los sarmientos. Separados de Jesús, no podemos hacer nada (Jn. 15:5). Es una locura prestar atención a la perfección externa mientras descuidas lo que es vital—un caminar diario con el Señor resucitado. Jesús es la realidad; la práctica apostólica de la Iglesia es la aplicación de esa realidad.

Libertinaje: Una tentación para aquellos que verdaderamente poseen la realidad interior de la vida en Jesús, es tratar su expresión externa como una cuestión de libertad. Al tener lo mayor (el vino), se sienten competentes para decidir sobre los asuntos menores (el odre). Ellos creen que tienen el permiso del Espíritu para hacer lo que les plazca con la forma externa. Estar limitado por los caminos de los apóstoles es visto como un imitar sin sentido. Sin embargo, Jesús advirtió que verter vino nuevo en el odre equivocado podría llevar a la pérdida del vino (Mat. 9:17). ¿Sabemos realmente mejor que los apóstoles cómo organizar las iglesias? Con referencia específica a la práctica de la Iglesia, Pablo amonestaba: «Si alguno se cree profeta o espiritual, reconozca que esto que escribo es un mandato del Señor» (1 Cor. 14:37).[27]

Legalismo: El mundo romano ha desaparecido para siempre. Hay una gran diferencia entre aferrarse a la tradición apostólica versus copiar sin pensar todo lo que se ve en el Nuevo Testamento (usar togas, escribir en pergamino, leer con lámparas de aceite, etc.). La clave está en enfocarse en la práctica de la iglesia del Nuevo Testamento. También debemos tener cuidado de establecer patrones de cosas que no son patrones en el Nuevo Testamento. Por ejemplo, el comunalismo cristiano de Hechos 4 fue un acontecimiento único para una sola iglesia. Es una opción para los creyentes de cualquier edad, pero no es ni un mandamiento, ni un patrón bíblico.

Tenga cuidado de crear patrones desde el silencio. Algunos están tan convencidos de que debemos seguir los patrones del Nuevo Testamento, que sienten que no tienen la libertad de hacer nada que no fuera hecho por la iglesia primitiva. Ellos creen que, si una práctica no se encuentra en el Nuevo Testamento, entonces no podemos hacerla; está prohibida. Por ejemplo, si el Nuevo Testamento guarda silencio sobre el uso de instrumentos musicales, entonces no deben usarse. En respuesta, debe señalarse, en primer lugar, que la falta de mención de

[27] Santa Biblia, NUEVA VERSIÓN INTERNACIONAL® NVI® © 1999, 2015, 2022 por Biblica, Inc.®, Inc.® Usado con permiso de Biblica, Inc.® Reservados todos los derechos en todo el mundo.

una práctica no es prueba de que la Iglesia primitiva no siguiera esa práctica. En segundo lugar, este enfoque negativo es esencialmente una forma de legalismo y conduce fácilmente a un espíritu de juicio. En lugar de tratar de seguir positivamente los patrones claros del Nuevo Testamento, los defensores de esta hermenéutica negativa son mejor conocidos por todas las cosas por las que están en contra. Si está mal practicar lo que el Nuevo Testamento no dice, entonces ¿por qué Jesús participó en la fiesta del Janucá y el sistema de sinagogas, los cuales fueron desarrollos históricos entre los Testamentos y por fuera de lo bíblico?

Libertad: Estamos a favor de una hermenéutica normativa: la Iglesia debería atenerse normalmente a las prácticas apostólicas seguidas por la Iglesia primitiva. Los asuntos de silencio son asuntos de libertad. Si la Biblia guarda silencio sobre algo, si no hay ni mandamiento ni patrón a seguir, entonces tenemos la libertad de hacer lo que nos convenga (siguiendo la guía del Espíritu Santo).

¿Hay alguna buena razón para ir en contra de los patrones del Nuevo Testamento? Moisés le dijo a los israelitas que observaran un sábado de Sabbath; violarlo era una ofensa capital. Sin embargo, si un buey caía en una zanja, entonces el trabajo en sábado era permisible. Jesús, el Señor del Sábado, aclaró que también era apropiado hacer buenas obras en sábado. Además, enseñó que el sábado fue hecho para el hombre y no el hombre para el sábado. Así, también, las tradiciones que se encuentran en el Nuevo Testamento están ahí por el bien de la iglesia, no *al revés*. La Escritura indica que en general debemos atenernos a los patrones establecidos por los apóstoles. Sin embargo, hay momentos en que las circunstancias atenuantes argumentan en contra de mantener algunos patrones. Simplemente no deje que la excepción se convierta en la regla.

Hacer iglesia a la manera del Nuevo Testamento—en oposición a cualquier otra manera—está en la misma categoría que el bautismo infantil versus el bautismo de creyentes. Los creyentes sinceros tampoco llegan a acuerdos en ello. Una posición está equivocada, pero es un error sincero y seguramente no está en la misma categoría que la mentira, el robo, el adulterio, etc. No hemos tenido la intención de implicar que no hacer las cosas a la manera del Nuevo Testamento sea un pecado. Dicho esto, tenemos la intención de otorgarle una pausa a los que no hacen las cosas a la manera del Nuevo Testamento, ya que la palabra «mandamiento» se usa para referirse a las reuniones participativas (1 Cor. 14:37), y ya que también se ordena la adhesión a las tradiciones apostólicas (2 Tes. 2:13). Las últimas cinco palabras de las iglesias de hoy podrían ser, «Nunca lo hicimos así antes.» Queremos estimular a los pastores a la acción para que sus iglesias no se pierdan las bendiciones potenciales.

Preguntas de Discusión

1. ¿Cómo se puede aplicar el axioma *la forma sigue a la función* a cómo los apóstoles establecieron las iglesias?

2. ¿Qué en el Nuevo Testamento indica si había una uniformidad básica de la práctica en todas las iglesias primitivas?

3. Jesús criticó a los fariseos por aferrarse a las tradiciones judías (Mat. 15). Pablo alabó a los corintios por aferrarse a sus tradiciones (1 Cor. 11). ¿Por qué la diferencia?

4. ¿Por qué es importante hacer una distinción entre las tradiciones apostólicas encontradas en el Nuevo Testamento y las tradiciones históricas posteriores?

5. La Ley Mosaica era de naturaleza paradigmática. ¿Cómo se aplicaría el principio paradigmático a los mandatos del Nuevo Testamento para seguir las tradiciones apostólicas específicas (2 Tes. 2:15, 3:6)?

6. ¿Qué le dio la autoridad a los apóstoles para establecer patrones que todas las iglesias están obligadas a seguir?

7. ¿Cuál es la diferencia entre aferrarse a las tradiciones apostólicas versus copiar sin pensar todo lo que se ve en el Nuevo Testamento (usar sandalias, escribir en pergamino, estudiar con lámparas de aceite, vestirse con togas, etc.)?

8. Jesús lavó los pies de Sus discípulos. La iglesia de Jerusalén practicaba el comunalismo. ¿Cómo determinamos qué es y qué no es una tradición apostólica?

9. ¿Qué debemos hacer con el hecho de que hay un consenso académico con respecto a la práctica actual de la iglesia primitiva en el Nuevo Testamento?

10. Algunos piensan que es tonto tratar de recrear la iglesia primitiva, porque estaba lejos de ser perfecta; Dios esperaba que su iglesia madurara y creciera más allá de la etapa de la infancia. ¿Cómo respondería usted a este argumento?

NTRF.org tiene audios, videos y una guía para maestros sobre las ventajas de adherirse a las tradiciones del Nuevo Testamento para la práctica de la iglesia.

Conclusión

Jesús dijo: «Y nadie echa vino nuevo en odres viejos, porque entonces el vino romperá el odre, y se pierden el vino *y también* los odres; sino que *se echa* vino nuevo en odres nuevos.»[1] Su punto era simplemente que algunas acciones son inapropiadas. Algunas prácticas eclesiásticas también son inapropiadas. Si comparamos el vino nuevo con nuestra nueva vida en Cristo, entonces los odres de vino podrían compararse con lo que hacemos cuando nos reunimos como pueblo de Dios (eclesiología). El odre de vino más apropiado se encuentra de seguro en la práctica de la iglesia del Nuevo Testamento.

Las estrategias de la iglesia del primer siglo eran *simples*: una atmósfera familiar, adoración participativa, compañerismo semanal frente a una comida con amigos que aman a Jesús, líderes siervos y la discusión a profundidad de las Escrituras. El economista E.F. Schumacher dijo: «Cualquier tonto inteligente puede hacer las cosas más grandes y más complejas. Se necesita mucho ingenio y mucho valor para moverse en la dirección opuesta».[2]

Las estrategias de la iglesia del primer siglo fueron *estratégicas*: el pueblo de Dios se involucró en las reuniones de la iglesia a través del culto participativo que despertaba las buenas obras, se formaron relaciones amorosas a través del *Ágape* semanal y un fuerte compromiso por parte de los líderes para construir un consenso congregacional promovió la unidad. El amor desbordante y la unidad es un testimonio poderoso para el mundo que observa.[3]

Las estrategias de la iglesia del primer siglo eran *bíblicas*, basadas en las

---

[1] Marcos 2:22. Después de esperar pacientemente a que los tres amigos de Job terminaran de hablar, Eliú dijo: "Mi vientre es como vino sin respiradero, está a punto de reventar como odres nuevos. Déjenme hablar para que encuentre alivio ..." (Job 32:19-20). - Nueva Biblia de las Américas™ NBLA™ Copyright © 2005 por The Lockman Foundation.

[2] EF Schumacher, "Small is Beautiful", *The Radical Humanist* Vol. 37, No. 5 (Agosto de 1973), 22.

[3] Juan 13:35, 17:21.

enseñanzas de Jesús, claramente vistas en la Biblia, practicadas por los creyentes del primer siglo y prescritas en el Nuevo Testamento. Constituían un diseño divino para hacer discípulos de todas las naciones.

¿Quién sabía mejor que los apóstoles cuales eran los mejores odres para la práctica de la iglesia? ¿No son sus tradiciones dignas de nuestra consideración? Adoptar la eclesiología del Nuevo Testamento puede realmente poner a su pequeña iglesia en posición de tener un gran impacto, tanto en los miembros de la iglesia como en la comunidad.

Sobre el Autor

Stephen E. Atkerson (M.Div., Seminario Bautista Mid-America) ayuda a los líderes de la iglesia a descubrir estrategias simples de crecimiento dadas por Jesús a la iglesia primitiva. Por más de 30 años, ha trabajado con evangelistas, misioneros, plantadores de iglesias y pastores en Asia, América, Europa y África. Es uno de los pastores de una iglesia bautista que plantó en 1991 y presidente de la NTRF.org.

Sobre la NTRF

Ayudamos a los líderes de las iglesias pequeñas a recuperar la intimidad, la sencillez, la responsabilidad y la dinámica de la vida eclesial del primer siglo guiada por el Espíritu. Los principios esenciales de la fe a los que nos suscribimos son idénticos a los que se encuentran en la declaración doctrinal de cualquier institución evangélica sólida. Nuestra declaración favorita de fe es la *Primera Confesión Bautista de Londres de 1644*.

Bibliografía

Aristóteles. *Aristotle's Rhetoric*. Book I, chapter 2.

Atkerson, Sandra. "Hints for Hosting the Lord's Supper." NTRF.org, 2007.

Banks, Robert. *Paul's Idea of Community: The Early House Churches in Their Historical Setting*. Grand Rapids: Eerdmans, 1988.

Balz, Horst & Schneider, Gerhard, eds. *Exegetical Dictionary of the New Testament*, Vol. 3. Grand Rapids: Eerdmans, 1993.

Barclay, William. "The Letters to the Corinthians." *Daily Study Bible*. Philadelphia: Westminster, 1977.

Barna. "Small Churches Struggle to Grow Because of the People They Attract." Barna.org, 2003.

Barrett, C. K. "Fist Epistle to the Corinthians." *Black's New Testament Commentary*. Peabody, MA: Hendrickson, 1968.

Bartels, K.H. "Remember." *New International Dictionary of New Testament Theology*, Vol. III, ed., Colin Brown. Grand Rapids: Zondervan, 1981.

Bauer, Arndt, Gingrich, Danker. *Greek-English Lexicon of the New Testament*. Chicago: University of Chicago Press, 1979.

Broadbent, E.H. *The Pilgrim Church*. Grand Rapids: Gospel Folio Press, 1999.

Brown, Colin, ed. *New International Dictionary of New Testament Theology*. Grand Rapids: Zondervan, 1981.

Bruce, F.F. "The Book of Acts." *New International Commentary on the New Testament*. Grand Rapids: Eerdmans, 1981.

Carson, D.A. ed. *Worship by the Book*. Grand Rapids: Zondervan, 2010.

Chesterton, G.K. "Tradition Is the Democracy of the Dead." Chesterton.org.

Coenen, Lothan. "Church." *New International Dictionary of New Testament Theology*, ed., Brown, Colin. Grand Rapids: Zondervan, 1971.

Crosby, Robert. "A.W. Tozer on The Holy Spirit & Today's Church." Patheos.com.

Dagg, J.L. *Manual of Theology: A Treatise on Church Order*. Harrisonburg, VA: Gano Books, 1990.

Davids, Peter & Grossmann, Siegfried. "The Church in the House." Artículo. 1982.

DeBrès, Gudio. *Belgic Confession*. crcna.org, 1651.

Deddens, Karl. *Where Everything Points to Him*. Traducido por Theodore Plantinga. Neerlandia, Alberta: Inheritance Publications, 1993.

Dennis, Lane, & Grudem, Wayne, eds. *ESV Study Bible*. Wheaton: Crossway, 2008.

DeVries, David. "How Much Does It Cost To Start A Church?" MissionalChallenge.com.

Drane, John. *Introducing the New Testament*. Oxford: Lion, 1999.

Easum, Bill. "Ripples of Multiplication." m.exponential.org, 2016.

Elliot, Elizabeth. *Shadow of the Almighty: Life and Testimony of Jim Elliot*. San Francisco: Harper & Row, 1989.

Fee, Gordon & Stuart, Douglas. *How To Read The Bible For All Its Worth*, 2da. edition. Grand Rapids: Zondervan, 1982.

Fee, Gordon & Stuart, Douglas. *How To Read The Bible For All Its Worth*, 4ta. edition. Grand Rapids: Zondervan, 2014.

Fee, Gordon. "First Epistle to the Corinthians." *New International Commentary on the New Testament*. Grand Rapids: Eerdmans, 1987.

Gaustad, Edwin. *Liberty of Conscience: Roger Williams In America*. Grand Rapids: Eerdmans, 1991.

Gladwell, Malcom. *The Tipping Point*. New York: Little, Brown and Company, 2002

Gooch, John. *Christian History & Biography*. Issue 37. Carol Stream, IL: Christianity Today, 1993.

Greensdale, Stanley Lawrence. "Early Christian Church." *Encyclopaedia Britannica*, Vol. 7, ed. Warren Preece. Chicago: William Benton, Publisher, 1973.

Grogan, G. W. "Love Feast." *New Bible Dictionary*, ed., J. D. Douglas. Wheaton: Tyndale, 1982.

Grudem, Wayne. "The Nature of Divine Eternity, A Response to William Craig." WayneGrudem.com, 1997.

Guthrie, Donald. *New Testament Theology*. Downers Grove: Inter-Varsity, 1981.

Havlik, John. *People Centered Evangelism*. Nashville: Broadman, 1971.

Hendriksen, William. "Exposition of Paul's Epistle to the Romans." *New Testament Commentary*. Grand Rapids: Baker, 1980.

Jeremias, Joachim. *The Eucharistic Words of Jesus*. New York: Charles Scribner's Sons, 1966.

John Gooch. *Christian History & Biography*, Issue 37. Carol Stream: Christianity Today, 1993.

Kirby, G.W. *Zondervan Pictorial Encyclopedia of the Bible*, Vol. 1, ed. Merrill C. Tenney. Grand Rapids: Zondervan, 1982.

Knowles, David. *The Monastic Orders in England*. Cambridge: Cambridge

University Press, 1950.

Koyzis, David. "The Lord's Supper: How Often?" ReformedWorship.org, 1990.

Lenski, R.C.H. *Interpretation of I and II Corinthians.* Minneapolis: Augsburg, 1943.

Lenski, R.C.H. I*nterpretation of the Epistle to the Hebrews and the Epistle of James.* Minneapolis: Augsburg Publishing, 1943.

Mamula, Greg, "Early Christian Table Fellowship Becomes Eucharistic Rite." Artículo. 2015.

Martin, R. P., "The Lord's Supper." *New Bible Dictionary*, ed. J. D. Douglas. Wheaton: Tyndale, 1982.

Mathison, Keith. *The Shape of Sola Scriptura.* Moscow, ID: Canon Press, 2001.

McGee, J. Vernon. *Thru the Bible: Philippians and Colossians.* Nashville: Thomas Nelson, 1991.

McReynolds, Paul. *Word Study Greek-English New Testament.* Wheaton: Tyndale, 1999.

Milikin, Jimmy. "Disorder Concerning Public Worship." *Mid America Baptist Theological Journal.* Memphis: Mid-America Baptist Seminary Press, 1983.

Murphy-O'Connor, Jerome. *Saint Paul's Corinth: Texts and Archaeology.* Collegeville, MN: Liturgical Press, 2002.

Nee, Watchman. *The Normal Christian Church Life.* Colorado Springs: International Students Press, 1969.

Pelikan, Jaroslav. "Eucharist." *Encyclopaedia Britannica*, ed. Warren Preece, Vol. 8. Chicago: William Benton, Publisher, 1973.

Coverdale, Miles & Knox, John, directors. *1599 Geneva Bible.* White Hall, WV: Telle Lege Press, 2006.

Reinecker, Fritz & Rogers, Cleon. *Linguistic Key to the Greek New Testament.* Grand Rapids: Zondervan, 1980.

Ridderbos, Herman. *Paul: An Outline of His Theology.* Traducido por John R. deWitt. Grand Rapids: Eerdmans, 1975.

Roberts, Bob. "Multiplication Essentials." m.exponential.org, 2016.

Robertson, Archibald & Plummer, Alfred. "1 Corinthians." *International Critical Commentary on the Holy Scriptures of the Old and New Testaments.* New York: Charles Scribner's Sons, 1911.

Rogers, Adrian. *Adrianisms.* Memphis, TN: Innovo Publishing, 2015.

Rogers, Adrian. Revision chairman, *Baptist Faith and Message.* sbc.net, 2000.

Scott, Ernest. *The Nature of the Early Church.* New York, Charles Scribner's Sons, 1941.

Schumacher, E.F. "Small is Beautiful." *The Radical Humanist*, Vol. 37, No. 5, August 1973.

Sefton, Henry. *A Lion Handbook—The History of Christianity.* Oxford: Lion, 1988.

Selman, Martin. "House," *New Bible Dictionary*, ed. J. D. Douglas. Wheaton: Tyndale, 1982.

Sider, Ronald. *Rich Christians in an Age of Hunger.* Downers Grove, IL: Intervarsity, 1977.

Scott, Ernest, *The Nature of the Early Church.* New York: Charles Scribner's Sons, 1941.

Smith, William. *Dictionary of Greek and Roman Antiquities.* London: John Murray, 1875.

Snyder, Graydon. *Church Life Before Constantine.* Macon, GA: Mercer University Press, 1991.

Snyder, James. *Tozer on Worship And Entertainment.* Camp Hill, PA: Wind Hill Publisher, 1997.

Spurgeon, Charles. "A Pastoral Visit." ccel.org.

Svendsen, Eric. *The Table of the Lord.* Atlanta: New Testament Restoration Foundation, 1997.

Thayer, Joseph. *Greek-English Lexicon of the New Testament.* Grand Rapids: Baker, 1977.

Theissen, Gerd. *The Social Setting of Pauline Christianity: Essays on Corinth.* Eugene, OR: Wipf & Stock, 1982.

Thomas, W.H. Griffith. *St. Paul's Epistle to the Romans.* Grand Rapids: Eerdmans, 1984.

Yale. "Unearthing the Christian Building." *Dura-Europos: Excavating Antiquity.* Yale University Art Gallery.

Vaters, Karl. "The Astonishing Power of Small Churches: Over One Billion Served." ChristianityToday.com, 2016.

Vine, W.E. *Expository Dictionary of New Testament Words.* Iowa Falls: IA: Riverside Book and Bible House, 1952.

Wallis, Arthur. *The Radical Christian.* Rancho Cordova, CA: City Hill Publishing, 1987.

Walker, Williston. *History of the Christian Church.* New York: Charles Scribner's Sons, 1970.

Watson, David. *I Believe in the Church.* Great Britain: Hodder & Stoughton, 1978.

¡Buenas nuevas!

Dios—Dios es el creador de todas las cosas (Génesis 1:1). Él es perfectamente santo, digno de toda adoración y castigará el pecado (1 Jn. 1:5, Apoc. 4:11, Rom. 2:5-8).

El Ser Humano—Todos los seres humanos, aunque creados buenos, se han vuelto pecadores por naturaleza (Gén. 1:26-28, Sal. 51:5, Rom. 3:23). Desde el nacimiento todos los hombres están alejados de Dios, son hostiles a Dios y están sujetos a la ira de Dios (Ef. 2:1-3).

Cristo: Jesucristo, quién es plenamente Dios y plenamente hombre, vivió una vida sin pecado, murió en la cruz para llevar la ira de Dios en lugar de todos los que quisieran creer en él y resucitó del sepulcro para dar vida eterna a su pueblo (Jn. 1:1, 1 Tim. 2:5, Heb. 7:26, Rom. 3:21-26, 2 Cor. 5:21, 1 Cor. 15:20-22).

Respuesta: Dios llama a todos en todas partes a arrepentirse de sus pecados y confiar en Cristo para ser salvos (Mc. 1:15, Hechos 20:21, Rom. 10:9-10).

Mira a Jesús para la vida eterna. Adóralo como tu Señor y Dios. Llámale mientras Él está cerca. ¡Ahora es el día de la salvación! Para aprender más, encuentre el Evangelio de Juan en la Biblia. Léalo un capítulo a la vez. Al final de cada capítulo hágase dos preguntas basadas en ese capítulo: *¿Quién es Jesús? ¿Qué quiere de mí?* Hay 21 capítulos en el Evangelio de Juan. ¿Aceptarás un Desafío de 21 Días y leerás un capítulo diario?